结网2

产品经理的无限游戏

王坚◎著

人民邮电出版社
北　京

图书在版编目（CIP）数据

结网.2，产品经理的无限游戏 / 王坚著. -- 北京：
人民邮电出版社，2021.8
（图灵原创）
ISBN 978-7-115-56355-2

Ⅰ. ①结… Ⅱ. ①王… Ⅲ. ①企业管理－产品管理
Ⅳ. ①F273.2

中国版本图书馆CIP数据核字(2021)第065749号

内 容 提 要

《结网 2：产品经理的无限游戏》是继《结网 @ 改变世界的互联网产品经理》出版 10 年之后的新作。《结网》讲述的是在桌面互联网时代如何成长为一名互联网产品经理，《结网 2》讲述的是在移动互联网时代产品经理如何利用好人类有史以来最大的杠杆。新作聚焦在更本质的互联网规律上，这些规律在桌面互联网时代曾造就一批高估值的产品，在移动互联网时代又造就了更多更高估值的产品，我们相信下一个时代到来的时候这些规律依然有效。

作为一个老互联网人，作者王坚的文字犀利却包容，剖析产品一针见血又不失对用户的敬畏之心。本书面向各个层次的产品经理、运营、创业者，以及其他对互联网行业感兴趣的人士。

◆ 著　　　　王　坚
　　责任编辑　刘美英
　　责任印制　周昇亮

◆ 人民邮电出版社出版发行　北京市丰台区成寿寺路11号
　　邮编　100164　电子邮件　315@ptpress.com.cn
　　网址　https://www.ptpress.com.cn
　　临西县阅读时光印刷有限公司印刷

◆ 开本：700×1000　1/16
　　印张：13.5
　　字数：208千字　　　　　　　　2021年 8 月第 1 版
　　印数：1-5 000册　　　　　　　2021年 8 月河北第 1 次印刷

定价：79.80元

读者服务热线：(010)84084456　印装质量热线：(010)81055316
反盗版热线：(010)81055315
广告经营许可证：京东市监广登字20170147号

献给互联网产品经理

《结网》写于 2010 年，10 年过去了，我已不是曾经那个少年。2011 年，我成立了自己的公司，之后创建了更多的产品，经历了更残酷的竞争，对网络世界有了新的认识。

互联网世界的变化速度实在太快了，包括基础设施都在变化。《结网》讲述的是在桌面互联网时代如何成长为一名互联网产品经理，《结网 2》讲述的是在移动互联网时代产品经理如何利用好人类有史以来最大的杠杆。新作聚焦在更本质的互联网规律上，这些规律在桌面互联网时代曾造就一批高估值的产品，在移动互联网时代又造就了更多高估值的产品，相信下一个时代到来的时候这些规律依然有效。

通过《结网 2》，我希望把自己 20 年的工作经验分享给大家，一方面，新手入门有了更高的起点；另一方面，我也希望能同一直战斗在一线的老产品人聊聊我们一起踩过的坑。

序

阿基米德曾经说过:"给我一个支点,我就能撬动地球。"第一次看到这句话的时候我很震撼,原来科学家也可以像诗人一样浪漫。在互联网行业工作了20年之后,我发现"撬动地球"不止是一种浪漫,更是一种了不起的社会塑造。如果我们把改变人们的生活方式看成另一个层面的"撬动地球",那么互联网这个人类有史以来最大的杠杆已经不止一次撬动了地球。

今天我们习以为常的语音消息、扫码支付、在线外卖、网约车,是在2009年3G牌照颁发之后逐个出现的,距今不过十年左右。如果把这些服务从生活中抹去,我们在心理上的感受可能不是生活倒退了十几年,而是倒退了几百年。

在物理世界中,每个人都有自己的社交距离,每个生意都有自己的辐射边界。在网络空间中,物理意义上的距离变得模糊,一切都被压缩进了一个点。这个点是我们的指尖,是产品的界面,是二维码,也是被召唤到我们面前的骑手或司机。

在这个没有体积、信息密度无限大的点中,我们伸出手指就可以触碰到无数的人无数的产品,我们面对无穷多的机会,每个人都更容易成名和创富,同时,我们也面对无休止的竞争,商业模式的演化速度远超从前。在网络空间中生存的产品面对的是无限游戏,没有明确的规则,没有输赢胜负,有的只是玩家能不能利用互联网杠杆持续玩下去。

本书是写给产品经理和创业者的互联网杠杆使用说明书,我希望能为大家提供一个全新的视角重新审视自己的日常工作,也希望这个视角能帮助大家早日找到"撬动地球"的支点,开启自己的无限游戏!

目 录

第一部分
成为互联网产品经理

第 1 章 互联网产品 / 2
1.1 企鹅的故事 / 2
1.2 互联网杠杆 / 3

第 2 章 互联网产品经理 / 7
2.1 三个级别 / 8
  助理级产品经理
  总监级产品经理
  老板级产品经理
2.2 团队角色 / 15
  非权力性领导力
  产品、运营与增长经理

第 3 章 产品经理的职业发展 / 19
3.1 职业归宿 / 20
3.2 成长路径 / 21
  助理级产品经理
  总监级产品经理
  老板级产品经理
3.3 入行 / 29

第二部分
创建互联网产品

第 4 章　确定产品概念 / 34
    4.1　为什么做产品 / 34
    4.2　获取产品概念 / 36
    4.3　筛选产品概念 / 43
        能不能做
        值不值得做
        做不做得成
    4.4　获客、留存与变现 / 50
        获客杠杆
        留存杠杆
        变现杠杆
    4.5　等一部产品之梯 / 72

第 5 章　验证产品概念 / 74
    5.1　步入项目循环 / 74
        项目管理的必要性
        项目周期的刚性
        超越项目目标
        团队发展五阶段
    5.2　假设 / 83
        管理假设列表
        最小可行产品
        避免过早优化
        用户体验三要素
        产品需求文档
    5.3　实验 / 116
        开发
        测试
        运营
    5.4　评估 / 125
        评估的精度和速度

　　　　　数据分析

　　　　　用户研究

　　5.5　是否跳出项目循环 / 139

　　　　　产品生命周期

　　　　　侦察兵和士兵

　　　　　压力管理

第 6 章　"黑天鹅"和"灰犀牛" / 152

　　6.1　数据安全 / 152

　　　　　数据的收集

　　　　　数据的存储和传输

　　　　　数据的使用和销毁

　　6.2　内容安全 / 159

　　　　　审核规则

　　　　　审核过滤技术

　　　　　审核人员

　　　　　内容导向

　　6.3　策略安全 / 162

　　　　　"羊毛党"

　　　　　未成年人

　　　　　传销

　　　　　庞氏骗局

　　　　　射幸行为

　　6.4　优雅降级 / 173

第三部分

开启无限游戏

第 7 章　薛定谔的"小垄断" / 176

　　7.1　规模经济和网络效应 / 176

　　7.2　垄断的壁垒 / 179

　　7.3　垄断者的工具箱 / 180

　　7.4　后发先至 / 182

第 8 章　从"小垄断"到"大垄断" / 186

　　8.1　确定产品概念 / 186

　　8.2　验证产品概念 / 187

　　8.3　节奏化竞争 / 193

第 9 章　强者的无限游戏 / 198

　　9.1　无限的游戏 / 199

　　9.2　在垄断的夹缝中生存 / 201

结语

图片版权说明

作者简介

延伸阅读：图灵经典

第一部分

成为互联网产品经理

广义上，人人都是产品经理。你可能烧过一道菜，装修过一套房子，或者开通了自己的微博，这些都是你的产品。你创造和经营这些产品所经历的一系列过程，与职业产品经理的工作本质上并没有太大区别。但是，要把产品经理作为正式的职业或者创业身份，又的确有些不同。在这一部分，我们来看看如何成为一名互联网产品经理。

1　互联网产品
2　互联网产品经理
3　产品经理的职业发展

第 1 章
互联网产品

1.1 企鹅的故事

2000 年,腾讯成功进行了第一轮融资,QQ 的注册用户数突破 100 万,它为腾讯带来的收入却几乎为零。现金流对于一家公司来说至关重要,QQ 这只投入了大笔资金购买服务器和带宽却怎么也"喂不饱"的企鹅,怎样才能变成能下金蛋的企鹅,是每个腾讯人都在冥思苦想的问题。QQ 不能作为公司的收入来源,腾讯只好"打零工",承包一些技术项目来获得收入。2000 年年初,腾讯接到深圳联通的一个项目:为手机用户提供邮件到达提醒服务。这个项目本身没有多少利润,却让 Pony(腾讯公司联合创始人马化腾)看到了一线盈利的希望——"如果 QQ 可以给手机发短信,会不会是一个新的机会?"

腾讯成立之初,主营业务并不是 QQ,而是网络寻呼,为寻呼台提供互联网扩展方案,让用户可以通过网站、电子邮件等互联网渠道发送寻呼消息。1999 年 2 月,QQ 的第一个版本 OICQ 99A 上线,名叫"中文网络寻呼机 OICQ"。2000 年是寻呼机和手机交接市场的一年,寻呼机完成了历史使命,慢慢淡出江湖,手机逐渐普及。手机的短信功能不但可以接收短信,还可以发送短信,"如果 QQ 可以给手机发短信,手机也可以给 QQ 回复短信",那不就实现了"移动"QQ?当时中国的手机用户已经突破 8000 万,并且它拥有向用户收费的渠道,对腾讯来说,这是一个无比巨大的市场。

腾讯内部对这款产品的概念达成共识之后,接下来就是如何执行的问题,腾讯选择深圳本地的深圳移动和深圳联通作为试点合作伙伴,开始进行谈判。当时的移动和联通只有话费收入,并没有增值业务的概念,"移动QQ"这款产品要实现QQ和短信的互联互通,意味着要考虑技术接口、运营支持、客服、定价、收费渠道、收益分成比例等一系列前所未有的问题,还涉及物价局等第三方机构的监管。另一个严峻的问题是,全国没有统一的移动网络运营商,和深圳联通谈完了,还要和深圳移动谈,然后还要和全国各地的移动、联通公司都谈,才能把"移动QQ"在全国铺开,这需要投入相当多的人力。Pony的态度非常坚决:"我们不能坐吃山空,一定要有自己的收入。如果我们迟迟不能盈利,QQ也得不到发展。"

经过一系列艰苦的工作,移动QQ在深圳试点成功了,随即腾讯投入大量人力将这个业务在全国铺开。在移动梦网成立的早期,移动QQ的收入一度占到其总收入的一半。移动QQ是腾讯发展的重要转折点,它所带来的第一桶金帮助腾讯在中国互联网浪潮中站稳了脚跟,进而建立了"企鹅帝国",使腾讯成为中国盈利能力最强的互联网公司之一。

Pony在这个过程中扮演的就是产品经理的角色,在恰当的时机提出恰当的产品概念,推动公司决策,创造用户价值(用户可以从产品中获得的好处),同时也创造了财富。如果你在(或者想要进入)一家互联网公司从事产品经理的工作,如何帮助公司走向辉煌?如果你是一个创业者,如何把自己的产品做大做强?如果你出于个人兴趣想要创建一个应用,或者运营自媒体,从哪里开始,怎么做?……别着急,读完本书后你会得到全面的答案。现在,我们把腾讯的故事再讲一遍。

1.2 互联网杠杆

1999年,腾讯发现电脑用户是有通信需求的,但电脑上缺乏类似于寻呼机的通信产品,于是创建了中文网络寻呼机OICQ。提供大众想要却还找不到的价值,是成功产品的起点。

大多数产品是为了创造财富而诞生的，不管它是向用户收费还是向商家收费，付费者越多，盈利的机会就越大，盈利规模的天花板就越高。2000 年，中国网民数量是 1690 万，手机用户数是 8500 万，手机对于 QQ 来说是比互联网更大的杠杆（放大器），有效利用这个杠杆就可以快速扩大自己的用户规模，腾讯推出移动 QQ 产品就是撬动这个杠杆的重要一步。

在互联网出现之前，一款产品用几个月的时间获得 1 亿用户是无法想象的事情。2020 年，中国网民达 9 亿，全球网民达 45 亿，一款产品只用几天就收获 1 亿用户这种新闻已经屡见不鲜，互联网无疑是人类有史以来最大的杠杆。

▶ **定义**

互联网产品就是有效利用了互联网这个人类有史以来最大杠杆的产品。

2000 年，还不够智能化的手机已经是比电脑互联网更大的杠杆，相比互联网还有更成熟的收费渠道。Pony 注意到了市场环境的变化，调整了 QQ 的产品定位，快速拥抱新的杠杆，结果是 QQ 的用户数和收入双双高速增长。

▶ **定义**

互联网产品经理就是持续优化产品定位和提高杠杆效率以赢取更大市场份额的岗位。

为了讲清楚"有效利用互联网杠杆"这个概念，有请本书的小助理——饮水机，闪亮登场，如图 1-1 所示。

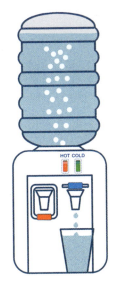

图 1-1　饮水机

饮水机放在一个地方，每天使用它的人是有限的，放在家里就是一家人用，放在公司里就是一个公司的人用，怎么才能让更多人来使用它呢？没错，把它放到地铁站。广州体育西路站是中国最繁忙的地铁站之一，2017 年单日客运量最高近 85 万人次，每月 2550 万人次。

> 很多美食是借助交通枢纽打响品牌的，比如"四大名鸡"——德州扒鸡、沟帮子熏鸡、道口烧鸡和符离集烧鸡，都是依靠火车站声名远播的。狗不理包子是在运河码头起家的，搬离码头后一度倒闭，2000 年借助相声撬动春晚杠杆才让自己变成了"全国知名"老字号。

还有比地铁站人更多的地方吗？应用宝，月活跃用户数 2.7 亿。微博，月活跃用户数 5.2 亿。淘宝，月活跃用户数 8.5 亿。微信，月活跃用户数 11.6 亿。Facebook，月活跃用户数 26.0 亿。① 互联网打破了地域的限制，想办法借助互联网触达每个网民，就能让产品服务更大规模的用户。那么问题来了，怎么才能让饮水机利用上互联网杠杆呢？

---

① 均为 2020 年第一季度数据。

饮水机给自己开发了一个叫"饮水"的应用，用户在手机里安装这个应用后，点击一个按钮就能拿到一杯水，饮水机就可以借助智能手机和应用商店来服务海量用户了。这听起来有点科幻，但我们今天使用的电子商务和外卖应用不就这样工作的吗？

饮水机觉得只有自己有应用不过瘾，其他饮水机应该也需要，于是把"饮水"应用做成了网络服务"饮水易"，任何饮水机都可以通过"饮水易"一键创建自己的"饮水"应用。通过互联网销售"饮水易"服务后，应用很快就有了一大批饮水机用户，这就是"软件即服务"（Software as a Service，SaaS）模式。

饮水机请明星和自己拍了张合影，发到微博上，瞬间变成了网红饮水机，无数人蜂拥而至，排队打卡。利用网络营销来扩大自己的用户规模，这样的饮水机也是互联网产品。

饮水机把用户来喝水的画面拍摄下来，配上自己的吐槽传到YouTube，通过视频播放时的广告分成赚到了钱，开启了自己的全球互联网副业。

或者，饮水机不会开发应用，也玩不转微博和YouTube，但它在淘宝开了一个店铺，每天直播卖水，随着人气的提升，慢慢开始卖可乐、龙井，这样是不是也利用上了互联网杠杆？

有没有应用、网站、小程序，并不能作为一个产品是不是互联网产品的判断标准。很多学校有自己的网站，如果这些网站无人问津，学校就没有利用互联网获取学生、老师和资金，这些学校就不是互联网产品。饮水机直播卖水，它没有自己的应用或网站，但通过淘宝店和淘宝直播把自己变成了互联网产品。

互联网并不是"纯互联网产品"的后花园，没有上网的产品可以想办法上网，互联网产品也正在改造更多实体行业。人类有史以最大的杠杆摆在这里，花点儿时间研究一下绝对不亏。

第 2 章
互联网产品经理

给饮水机出点子让它开发应用、开网店的人是谁？饮水机的老板？饮水机的产品经理？饮水机的 Python 程序员？给饮水机送水的小刘师傅？是不是谁提出上网的点子谁才是互联网产品经理？

前面说了，互联网产品经理就是持续优化产品定位和提高杠杆效率的人。优化产品定位的点子谁都可以出，提高杠杆效率的点子也是谁都可以出，但判断这些点子靠不靠谱，靠谱的点子怎么落地执行融入产品，需要一个专业岗位，这个岗位就是产品经理。

为什么老板要找人做产品经理？产品经理这个活儿老板自己干不行吗？首先，老板自己想的点子不一定靠谱，落地执行起来也不一定高效。如果他找到一个更专业的人，这个人用行业认知把不靠谱的点子加工成靠谱的点子，把资源严重浪费的执行变成低成本快速试错（在尝试中纠错，trial and error），对老板来说是不是更好的选择呢？假设老板自己就是专业的产品经理，他花在这项工作上的时间可以用来和投资人聊融资，也可以出差和客户谈合作。如果他做其他事情公司收益更大，从机会成本的角度考虑，是不是应该请一个专业的产品经理来解放自己的部分时间？如果公司有多个产品，一个人顾不过来，是不是必须有多个产品经理，每人负责一个产品？如果一个产品很复杂，一个人顾不过来，是不是也必须有多个产品经理分工负责？

2.1 三个级别

张小龙在 2019 年 1 月的微信之夜调侃道,每天有 1 亿人教他做微信。很多微信用户经常会有一种幻觉,觉得产品经理这个岗位太简单、张小龙太笨了,这么这么改一下,微信不就更好了嘛。知乎上关于"微信最应该增加的功能是什么?"的问题,有超过 2271 个回答,如图 2-1 所示。下面我们一起来分析一下,为什么地球上没有几个人能教张小龙做微信。

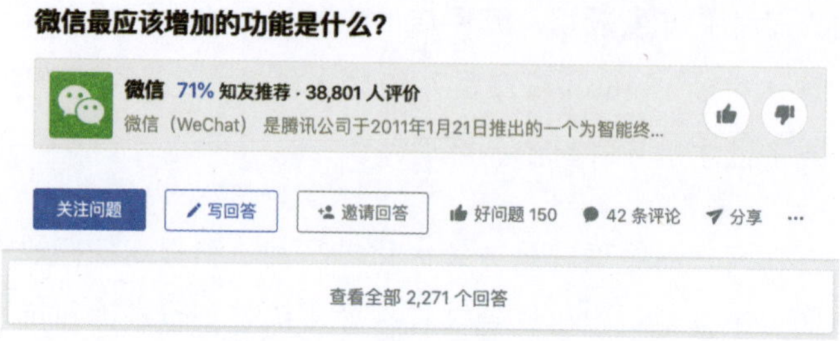

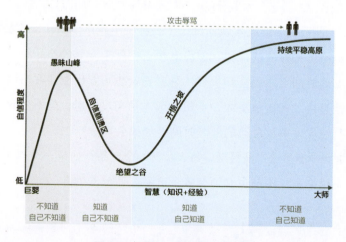

图 2-1 微信最应该增加的功能是什么

首先,这 1 亿人是从来哪里来的?都是麦田里的稻草人吗?还真不是稻草人,随便一搜就一大把。图 2-2 描述了邓宁—克鲁格心理效应,左边的愚昧山峰上人头攒动,这 1 亿人中的绝大部分就在这里,包括部分新手产品经理。

图 2-2 邓宁—克鲁格心理效应

很多心理实验表明，人类对自己的行为和情绪缺乏理解和掌控，对于外部世界也一样。承认自己无知会显得很低能。大家可以看看猫猫狗狗，它们对很多事情很无知，自己是怎么翻身摔到地上的都不知道。人类高明的地方在于通过持续不断地"说谎"（大多数时候是自己骗自己）来解释正在发生的事情，这样看起来会显得比较靠谱。有些科学家认为，人类的意识只是一个"叙事重心"，潜意识递上来什么稿子就念什么稿子，看不懂稿子也不要紧，保持镇定，一边编造一边念，所以很多时候我们"不知道自己不知道"。当一个人不知道产品经理的工作内容是什么，不知道产品经理需要具备哪些行业认知的时候，就会更容易认定产品经理都是笨蛋。

助理级产品经理

如果我们把产品经理分为助理级、总监级、老板级三个级别（大体对应实际工作中的产品经理、总监、老板），助理级产品经理对应的工作能力要求是：可以对某个产品进行"逆向工程"，产出逻辑自洽的产品需求文档。简单总结成两个字——"会抄"。在我看来，"抄"是个中性词，并不是抄袭的意思，而是代表一种模仿能力，有些人可能喜欢用"借鉴"，我觉得"抄"更简单直白。

会"抄"还是不会"抄"，一个问题就能分辨，"为什么这么做？"如果得到的答案是"某某产品就是这么做的"，那就是不会"抄"，只知道诉诸权威。如果产品经理能够运用逻辑来回答问题，就是会"抄"，比如，"这样可以让按钮变得更醒目，有机会提高点击率，进而提高付费转化率，我们可以用 A/B 测试验证一下"。

请这 1 亿个能教张小龙做微信的人"抄"一下 Kik Messenger 或者 WhatsApp，就会发现 99% 的人做不到看似简单的"会抄"。大多数人逻辑混乱，无法充分理解现有产品并在此基础上把产品模块划分清楚，做到不重不漏（也就是符合 MECE 法则：相互独立、完全穷尽），比如模块 A 和模块 B 都包含了子模块 C。

愚昧山峰的人都筛掉后，还剩下 100 万人。

有个笑话，"万事俱备，就差一个程序员了"，为什么没人说"我们团队什么都能开发，就差一个产品经理了"？

一个原因是，但凡靠谱点的团队都是先想好了做什么再根据要做的事情组建团队，需要开发应用就招 iOS 开发、Android 开发，需要开发小程序就招前端开发，每个岗位的人到位后马上就能开展工作。反之，如果工作内容不明确，是很难招到人的，即使招到人，等产品经理到位后才能开工也是人力浪费。

另一个原因是，很多人低估了产品经理这个岗位，大不了来一句"咱就照着某某某抄嘛"。事实上没这么简单，即便是助理级产品经理，也需要能拿得出逻辑清晰的产品需求文档。之后进入产品开发阶段，要等产品开发完成且发布后才能检验工作成果。由于产品需求文档、开发质量、市场竞争等多个方面会影响产品的市场表现，多因一果让评估产品经理的能力变得很困难，相对容易出现滥竽充数的情况。反观程序员，他们的工作成果通过代码能否运行便能得以验证，快则几天，慢则几周。行就是行，不行就是不行，写不出能运行的代码却硬说自己能做程序员的人大概率是疯了。

总监级产品经理

总监级产品经理对应的工作能力要求是：能够看到更多产品干系人，能够看到用户需求的多面性，能够在矛盾中合理地取舍。

看到更多产品干系人

产品的干系人有用户、用户身边的人、产品团队、竞争对手、监管机构等。用户可能又包括内容消费者和内容生产者，买家和卖家，顾客、骑手和餐厅等多个群体。用户身边的人就不用解释了，我们直接看一个用户身边的人影响产品设计的例子。早期的苹果笔记本电脑打开之前用户看到的 A 面苹果标志是正的，但打开之后他身边的人看到的这个标志是颠倒的，后来可能是产品团队发现这样会显得苹果用户比较傻，就将标志的方向调换成了今天这样。

> **思考题**
>
> 通信软件为什么都有删除消息的功能？

产品团队需要数据平台、运营工具等提高工作效率，这也是产品竞争力的一部分。竞争对手会和你抢市场份额，监管机构会提醒你不要违反公序良俗，要保护未成年人。

相比助理级产品经理在思考问题的时候经常会从"我喜欢""我习惯于"等普通用户视角出发，总监级产品经理则能跳脱自己的单一视角，用同理心来思考问题（见图 2-3），比如"内容消费者想看什么""内容生产者想做什么""黑粉想干什么""小广告机器人的程序怎么设计""产品团队需要什么""竞争对手希望看到什么"……

图 2-3　同理心

看到用户需求的多面性

不同的产品干系人有不同的需求,有些需求是统一的,有些需求则是矛盾的。喜欢指点江山的"键盘侠"是意见领袖的天敌,微博的取舍是给粉丝数 10 万以上的博主全站拉黑禁评恶意评论者 3 天的权力,让意见领袖可以压制"键盘侠"。有些用户喜欢消息显示已读状态,有些用户不喜欢,觉得这样压力太大;有些用户喜欢发语音,有些用户不喜欢收语音,微信的取舍是不"抄"消息已读"抄"对讲机。

单就个体用户而言,他的需求也经常是相互矛盾的,比如对智能手机的需求,又要大屏幕,又要续航久,又要轻薄,又要键盘手感好。黑莓选择了小屏幕加实体键盘加三天一充,iPhone 选择了大屏幕加虚拟键盘加一天两充,不同的取舍造就了不同的产品渗透率和不同的市场地位。

所以,同理心需要对干系人的多样性有认知,越全面越好,也要对每类干系人的需求、想法和感受有认知。当我们具备了这些认知,就在大脑中建立了一个虚拟机,想要进入哪种角色,就在干系人列表中选取,启动运行,这样就能模拟他对产品的使用目的、使用方法和使用体验。

在矛盾中合理地取舍

打造产品需要做的事情有一大堆,资金和时间却是有限的,这是一个矛盾的三角形,对产品需求进行合理的排序也是一种取舍。谷歌给公司里忙于应付事务性工作的人起了个绰号叫"伪工作者"(Pseudo Worker),这些人每天忙到飞起,却没有什么有效的产出。如果产品经理是个伪工作者,整个产品团队都会跟着他陷入伪工作,这是很可怕的。总监级产品经理能够筛选出当下预期产出最大的工作,并按照预期产出的大小对需求列表进行排序,剔除伪工作,从源头确保整个产品团队能够持续高效地产出。

助理级产品经理容易产生新功能冲动,觉得做产品就是不断堆砌新功能、新模块，产品越庞大越复杂就越厉害。雷军说："不要用战术上的勤奋掩盖战略上的懒惰。"这句话对于助理级产品经理不适用，因为助理级产品经理不是在战略上懒惰，而是不具备战略能力，工作中压根就没有战略思考，最喜欢图2-4这样的解决方案。

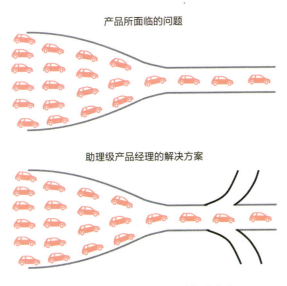

图2-4 助理级产品经理的解决方案

总监级产品经理则明白一个道理，支线功能的丰富解决不了核心体验的瓶颈问题。相比支线功能，产品核心体验的使用率和使用时长必然是整个产品中最高的。核心体验如果存在瓶颈，就会限制用户留存率、用户生命周期价值（LTV）、投资回报率（ROI）等产品竞争力的关键因素，因此突破核心体验的瓶颈才能提升整个产品的用户留存率和用户生命周期价值。用户留存率上升，每日新增用户不变的话，日活跃用户数（DAU，简称日活）就上升了，产品的市场份额就扩大了。用户生命周期价值上升，单个用户获取成本（CPA）不变的话，投资回报率就上升了，产品就更容易实现盈利。

瓶颈的重要性并不是我发现的，早在1984年，以色列学者伊利雅胡·高德拉特（Eliyahu M.Goldratt）就提出了**限制理论**（Theory of Constraints，TOC）。这个理论认为，一个复杂系统，在任何时候，只有极少的瓶颈会限制该系统达到更高的目标。简单来说，就是一条路总有一个最窄的地方，这个最窄的地方决定了整条路的承载能力。当这个地方被拓宽，原来次窄的地方就会变成新的最窄的地方，因此寻找和突破瓶颈的工作不是一次性的，而是一个不断循环往复的过程。

与产品核心体验相关的需求，就是可以优先考虑排期的需求；与产品核心体验无关的需求，坐冷板凳等着吧。比如一个短视频应用在做完基础的看视频、发视频功能后，是把短视频的内容丰富起来，推荐系统搞起来，能更快地提高用户留存率？还是做一个用户动态信息流能更快地提高用户留存率？哪个需求和产品的核心指标相关性更强？短视频里的用户动态信息流大概会有多大比例的用户使用？在内容产品中增加用户动态信息流模块和在社交产品中增加用户动态信息流模块相比，价值一样吗？

80/20 定律：80%的产出来自20%的功能。将这20%的功能提升10%的效率，整体效率就提升了8%；将其余80%的功能提升10%的效率，整体只提升2%。把握住重点，就把握住了杠杆。

拥有同理心、能够"扮演"多样化的产品干系人，并且能够做到在矛盾中取舍，这个能力要求又筛掉了99%的助理级产品经理入围者，还剩下1万人。如果要给自己评级的话，我大概在总监级。

> **❓ 思考题**
>
> 假设"对讲"（发送语音消息）和"附近的人"这两个需求同时出现在了微信2.0的需求列表中，但由于版本排期问题只能先做其中一个，应该先做哪一个？

老板级产品经理

老板级产品经理对应的工作能力要求是：对世界有深入的理解，能够发现巨大的产品机会,能够应对激烈的竞争。

伟大的产品可能始于微小的开端,但绝对不会缺少对世界的思考。苹果电脑,人脑的自行车。DOS,让用户和开发者更高效地操作电脑。iPhone,移动互联网应该是什么样子。谷歌,如何更高效地检索信息。微信,人和人、人和机构、人和物应该怎样连接。如果说宗教是在思考人类如何获得幸福并且给人类提供思考和行为上的建议,产品则可以把美好生活直接送到每个人的手中。从这个角度看,大家称呼乔布斯为"教主"并不是过誉。

老板级产品经理会预先设想产品的演化方向(初代 iPhone 发布会刚一结束,艾伦·凯就和乔布斯在聊平板电脑了),推导出产品演化路线图,找到可行的产品切入点,并且预判路线图上的竞争对手都有谁,在什么时机可以主动开战。微信为什么要做摇一摇、二维码、支付、小程序?这些产品概念是从哪里来的?这些功能点发布的时机是如何选择的?现在回头复盘也许答案是很清晰的,可是在胶着的竞争中,总监级产品经理的 1 万人里有多少人能想到这些创新,并把握好竞争节奏?我觉得可能又要筛掉 99% 的人了,还剩下 100 人。

请注意,这 100 人是分散在不同领域的,每个人的行业认知各不相同,能在即时通信领域教张小龙做产品的到底有几个人,大家可以琢磨琢磨。

2.2 团队角色

产品经理在产品团队中的位置通常如图 2-5 所示。

图 2-5 产品经理在产品团队中的位置

理想情况下，公司老板是老板级产品经理，公司内几个产品团队分别做不同的产品，每个产品团队都配置总监级产品经理带几个助理级产品经理。而现实的情况是，50% 的互联网公司可能从上到下找不出一个总监级产品经理。

公司老板或部门经理负责制定产品战略和把握竞争节奏，产品经理（或产品总监）负责需求排序、文档输出、测试验收、实验数据分析。不看老板或部门经理这一层的话，产品经理（或产品总监）通常和运营、开发、测试、营销等岗位是平级关系，主要通过产品需求文档和非权力性影响力来引领产品团队。

产品需求文档中的产品需求来自很多方面，比如用户需求、部门经理的战略布局、竞品动态、运营团队需求。开发团队也可以提出重构需求或系统优化需求，产品经理负责整理和归档所有需求，并排序筛选出最紧要的需求，输出产品需求文档。也就是说，部门经理也好，运营团队也好，开发团队也好，想要对产品做出改变，都要经过产品经理，产品经理通过产品需求文档引领整个产品团队的工作。

在实际工作中，部门经理可能会否定产品经理的需求排序，而把自己关心的需求调整为最高优先级。运营团队和开发团队可能也会这样做，揣着"凭什么产品经理能对排序说了算，我们说了就不算"想法的人不在少数。产品经理和运营、开发是平级，无权强压他们的想法。产品经理还是部门经理的下属，部门经理倒是有权强压产品经理。这时候就需要产品经理发挥非权力性领导力了。

非权力性领导力

产品经理的非权力性领导力主要体现在两个方面，一是逻辑，二是成功案例。

《三国演义》中，曹操想联合孙权铲除刘备，孙权身边的谋士基本都赞成甚至劝孙权直接向曹操投降，只有鲁肃觉得这件事不靠谱，提议联合刘备抵抗曹操。鲁肃自己没办法说服孙权和其他谋士，就请诸葛亮过来给大家分析了一波。诸葛亮并不是孙权谋士们的领导，甚至连盟友都还不是，为什么他能舌战群儒，说服东吴七个谋士呢？靠的是逻辑。

老板说，我们要自建广告系统，自建广告销售团队，提高广告收入。产品经理分析完需求说，我们的日活跃用户数只有 10 万，广告主们没办法直接采买日活这么少的广告，等到日活 1000 万的时候再考虑吧。开发人员说，我们要优化系统为 10 万用户同时在线做准备。产品经理可以说，我们现在只有 8000 用户同时在线，如果现在不快速提升留存率，产品能不能活到 10 万用户同时在线那一天都成问题。正常情况下，大家都是认逻辑的，产品经理的逻辑越清晰越严密，影响力就越强。

成功案例是在工作中逐渐积累的，某成功产品的产品经理出来创业，立马有人投钱，因为投资人都相信他。像这样有成功案例的产品经理，开发团队会不会先相信他试试？没有大的成功案例，只要日常工作中的大部分需求实现了既定的增长目标，也是成功案例，团队也会觉得这个产品经理靠谱。靠谱的光环越强，产品经理的影响力就越强。

产品、运营与增长经理

职场新人可能对产品、运营、增长经理这三个岗位分不清楚，我简单啰唆两句。这三个岗位的主要区别在于赢得市场份额的方式。

产品经理通过让产品发生变化来赢得市场份额，实施变化的方法是写产品需求文档来调动开发团队。产品本身无法解决的问题，比如招募意见领袖、"病毒"式营销等，就需要运营和增长经理帮忙了。

运营经理主要通过个人能力来赢得市场份额，比如刚刚讲的招募意见领袖，还有策划线上活动，筛选优秀内容，平息用户纠纷，等等。有多少个需要关注的核心指标,就有多少个运营可以发挥的领域(广告投放也可以归运营岗位负责)。当运营需要改变产品来更高效地完成自己的工作时,比如开发一个活动用的小游戏,就需要产品经理帮忙了。

增长经理的工作大致分为两块,一是寻找标准广告之外的高性价比获客杠杆,比如"病毒"式营销。如果需要开发小程序或需要联系意见领袖,增长经理就需要产品经理和运营经理的帮助。之所以要把非标准广告获客单独拆成一个岗位,我想主要是因为它与标准广告混在一起的话就没人会费心思研究高性价比获客杠杆了,全投标准广告多简单啊。二是使用 A/B 测试等手段验证产品改动、营销计划、运营活动等变化的有效性,留下有效的变化,撤销负效果的变化,其中建设数据平台和 A/B 测试平台属于产品需求,需要由产品经理统一排期。

不同的公司,不同的产品团队,会有自己的岗位组合和分工界限,比如有些公司有中台部门提供现成的数据平台,不需要每个产品都自建一套。有些公司会把产品经理细分为功能产品经理和策略产品经理,本书所描述的则是宽泛的产品经理。所以,大家要以自己所处的环境为准,职场新人有问题的话,要多多请教公司给自己分配的导师。

第 3 章
产品经理的职业发展

目前大学还没有开设产品经理这个专业,产品经理这个岗位也不要求专业资格证书。和财务、法务等岗位相比,硬性的入行门槛其实并不高,有些公司要求本科学历证书,有些公司要求大专学历证书,仅此而已。如果逻辑能力很强,成功案例过硬,学历其实也不是门槛。

> ▶ 从部门秘书到首席执行官
>
> 我在腾讯创新中心工作的时候,创新中心有个部门秘书叫谢仕梅,她2007 年入职腾讯,负责协助部门同事处理一些请假、报销之类的行政事务。2008 年创新中心开放了几个对内招聘的工作岗位,其中一个是 QQ 输入法产品经理,谢仕梅很想试试。她觉得我产品经验相对丰富,咨询我的意见。我鼓励她说产品经理这个工作没有多难,我们每天都用输入法,你自己也有丰富的使用经验,你把下载量大的输入法都试一试,想想 QQ 输入法有哪些改进空间,再想想 QQ 输入法是不是还没充分利用好 QQ 的海量用户,面试的时候有的聊就差不多了。
>
> 面试成功后,她的职业发展轨道就改变了。先是在腾讯负责 QQ 输入法,然后到房多多任运营总监,2014 年创业做了互联网海外服务平台"海那边"(见图 3-1),受到了资本的追捧,2018 年已经完成了 B 轮融资。

图 3-1　海那边首席执行官谢仕梅

3.1 职业归宿

按照目前的退休年龄来看，一个人的职业生涯大约是 40 年。那么问题来了，有多少互联网产品能够达到 40 年的寿命？我们是不是有机会进入这样的产品团队一直工作到退休？用逻辑分析的话，大多数产品经理在职业生涯中必然会服务多款产品，也大概率会服务多家公司。

产品经理这个职业的发展归宿有哪些呢？

- 为一款"长寿"的产品工作到退休。
- 创业到退休。
- 职业生涯中断，转行为风险投资经理、自媒体人或骑手。
- 工作中积累了财富，财务自由，提前退休。

40 年的时间，总会有上坡路有下坡路，如何避免自己在工作 20 年后陷入中年危机的窘境，尽量走在上坡路上，值得思考。我对这个问题的思考结果是，产品经理应该着重提升自己的能力和积累成功案例。

3.2 成长路径

产品经理的成长过程是一个提升能力、验证能力的循环。

助理级产品经理

逻辑能力是助理级产品经理的一项基本功。新人通过看书学习加上一些模拟练习，就能获得助理级产品经理所需要的一部分逻辑能力。限于篇幅这里就不具体科普逻辑学了，相关的图书和网上资料很丰富，在此简单列举一些常见的非形式谬误（请注意，不是逻辑结构有缺陷，而是其他原因造成的谬误）：偷换概念、诉诸权威、没有真正的苏格兰人、打稻草人、匿名权威、诉诸动机、以偏概全、虚假原因、因果倒置、滑坡谬误、非黑即白、诱导性提问……

来看个简单的例子。把成功当能力就是一个虚假原因造成的谬误。成功可能是因为运气好，可能是老板高瞻远瞩带你飞，也可能是公司提供的获客杠杆太强大。如果不能排除外因，把成功归因于自己的能力，失去空杯心态，就失去了进一步提升能力的机会。我在腾讯工作的时候，因为在 QQ 上"插根扁担都开花"，很容易就做出几百万日活的产品。其他产品团队千万日活的产品不想维护了还能转让给我们产品团队。我自身实际的能力如何呢？创业后才发现原来自己没有获客的经验，对现金流和成本也没有概念，需要学习补足的地方太多了。反过来讲，没成功也不要否定自己的能力，可能还缺点儿时运。

把职位当能力是另一个虚假原因造成的谬误。《彼得原理》告诉我们，人会因为机缘巧合晋升到自己不能胜任的职位，变成公司的负资产。《呆伯特法则》对这件事有不同的理解，公司会有目的地将工作能力最差的人晋升，以减少他对公司造成的损害。总之，能力不胜任职位是常事。我问谢仕梅能不能用她的故事做案例，她和我讲："我适不适合作为这个案例？毕竟还没有做得很出色。首席执行官是个比产品经理门槛还要低的岗位，只要注册个公司，人人都可以做。"

> ❓ **思考题**
>
> 你在工作中吃过逻辑谬误的亏吗？

逆向工程能力是助理级产品经理的另一项基本功。练习逆向工程要注意由易到难，可以先拿备忘录、语音备忘录、通讯录等模块简单的产品练手，建立产品的用户画像，用思维导图拆解产品的功能模块，用墨刀、Axure、Sketch、Figma等工具画出产品的交互图。没有障碍了之后，可以尝试电话、短信、Zoom这类涉及多人场景的产品。然后可以对自己感兴趣的产品做进一步的练习，比如电商、工具、信息流等。最高难度到微信就可以截止了，很多产品比微信复杂但存在不必要的复杂，没必要去刻意挑战。

总监级产品经理

从助理级到总监级产品经理需要的主要是同理心、行业认知和沟通能力。

同理心

同理心可以通过练习提升一部分，为什么是一部分呢？因为一部分产品干系人，比如内容生产者、内容消费者、卖家、买家、发广告的、"键盘侠"，比较容易接触到。针对这部分人，产品经理可以通过观察他们的行为或直接扮演其角色进入他们的视角，了解他们的目的和手段。就算是容易接触，也要有目的地去接触才行。有一天我听到一个广播节目，主持人提问，抖音、快手是不是在谋杀我们的时间？嘉宾回答，在没有抖音、快手的时候，很多人是喝着白酒发呆的，一个人，一碟花生米，一瓶酒。现在他们对着抖音、快手发呆，最起码还有精神生活。这个对话体现了两个人同理心的差别,主持人是从自己知识分子的视角出发,嘉宾则可以把自己代入某些下沉市场用户的视角思考问题。

另一部分干系人,比如投资人、监管部门、竞争对手,则不容易接触到,只有在实际打交道的过程中才能了解他们是如何思考问题的。

行业认知

总监级产品经理之所以能在矛盾中取舍,避免伪工作,专注于突破瓶颈,主要依靠行业认知。行业认知是指获得了对于一个行业的知识、经验、策略和直觉,这是一个抽象维度逐层上升的过程,有点像深度学习(如图 3-2 所示)。如果把深度学习看成在模仿人脑,那么学习的过程就是在"大脑"中建立一个知识体系,通过它来筛选信息,能纳入体系中的信息就被接收了,输入的有效信息越多,知识体系就越强大。

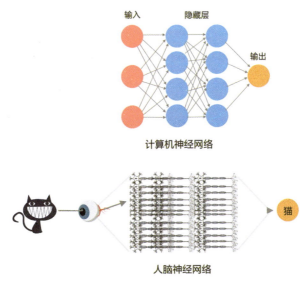

图 3-2 深度学习与人脑

随着信息的持续输入,我们逐渐拥有了更抽象的经验、策略和直觉,如图 3-3 所示。

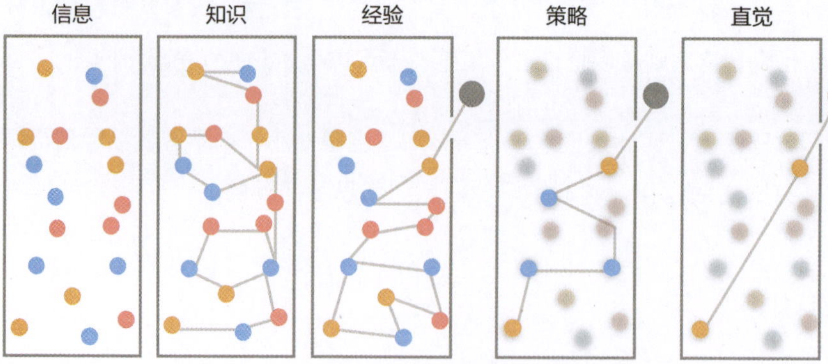

图 3-3 认知的层次

拥有了策略和直觉，我们就具备了从模糊的信息中快速找到突破口的能力。比如，我们可以快速分辨猫和狗，但要是让你讲出如何分辨这两种动物，你可能需要琢磨一阵子，因为你并不是通过学习分辨标准获得这个能力的，而是在了解猫和狗的基础知识，并且观察大量猫和狗后获得了经验和策略。如果不在大脑中建立自己的知识体系，大脑就会空转，不能有效地吸收信息，俗称左耳朵进右耳朵出。

产品经理在工作中每天都会面对很多需要解决的问题，而且一些问题看起来非常急迫。矛盾点在于，如果时间和精力都用来解决问题，就没办法快速提升行业认知，就没办法分辨哪些问题有价值、哪些没有价值，就没办法高效地解决值得解决的问题，陷入恶性循环。

我曾经旁观过一些产品团队的讨论，在我看来一个很清晰的取舍问题，他们讨论了一个小时仍没有任何头绪。我把问题拆解之后，大家一下就明白了，原来方案一是取 A 舍 B，方案二是取 B 舍 A，目前没有能兼顾 A 和 B 的方案，决策的关键就在于如何取舍。大家对问题有了更清晰的认知后，几分钟就得出了结论。我问他们平时有没有时间学习、思考，答案是没有，白天的时间都用来开会讨论，晚上加班写产品需求文档，每天都很晚才能睡觉。

提升行业认知的难点

磨刀不误砍柴工，提升行业认知的一大难点是建立自己的知识体系。有了自己的知识体系，日常的工作内容就变成有效信息输入了。学习时间可以是碎片化的，但知识体系必须是完整的、结构化的。你可能从书本、公众号、视频中了解了一些知识体系，这些知识体系能否拼装成一个整体，有没有互相矛盾的地方？这是一个很关键的问题。请注意，完整不等于完备，环境在变化，知识体系永远有进步空间，完整是和碎片化相对的概念。

如果没有自己的知识体系，用书本里的体系思考某个问题得到一个答案，用公众号文章里的体系思考同样一个问题得到相反的答案，该接受哪个答案？这件事情不要以我的回答为准，本书讲了我思考问题的体系，我有我的局限性，并且这个体系很可能不适用于我没有思考过的问题，能够合理解释你所面对问题的知识体系，才是适合你的知识体系。找到适合自己的知识体系没有什么捷径可言，如果有人提供捷径，通常是在贩卖幻觉，可以设想一下自己会不会购买一本名为《双色球一等奖计算方法》的书。

提升行业认知的另一大难点在于极少有人（包括本书作者）愿意分享行业核心知识、经验、策略，而直觉则干脆无法言说。假设我创建了一个产品，在某个市场建立了自己的行业认知，如果我把这些讲出来，对我来说没有什么直接的收益，而他人掌握这些认知后，很容易进入这个市场来和我竞争，或者竞争对手可以针对我的产品策略制定竞争策略。即便是在公司内部或产品团队内部，出于对外保密的原因（保不齐谁会跳槽），行业认知的分享通常也是非常有限的。

前 iOS 应用工程主管尼汀·加纳特拉（Nitin Ganatra）回忆初代 iPhone 开发时说，项目保密达到了荒唐的程度，他不得不充当秘密翻译，在不同房间里的不同团队之间奔走："我会去那个放置着完整界面的房间，然后回来给其他工程师画个草图，这种状况持续了好多天。"后来前 iOS 软件高级副总裁斯科特·福斯特尔（Scott Forstall）找到乔布斯说："如果让实现界面的工程师们亲眼看到界面，肯定会很有帮助的。"在此之后，更多工程师看到了完整的界面，但依然有很多人没有权限查看。

如果看到有人兜售行业认知，你需要想一想，他做这件事情的逻辑到底是什么，自己闷声发大财不好吗？我们能见到的知识、经验和战略，要么是表面化和不全面的，要么是过时的、不再有价值的。对当前市场有效的能够指导我们日常工作的行业认知，只能靠自己在实践中建立。没有打过硬仗，直接升到总监级产品经理的案例反正我是没看到过。

> "没有实际的工作经验，看待问题就只能看到薄薄的一层，就像一张香蕉的照片，看起来很真实，但它是二维的，你从来没有真正品尝过它的味道。"
>
> ——史蒂夫·乔布斯

工作中的导师如果能引导我们发现瓶颈，突破瓶颈，做困难但正确的事情，而不是做简单无效的伪工作，就能加速我们的成长。我在腾讯工作时成长最快的阶段是做Q吧产品的时候，当时Tony（张志东）和Free（吴宵光）亲自指导产品团队，每隔一段时间就开会聊进展，聊后续发展计划。我的同理心和对捆绑获客、内容分发、社区氛围、用户体验等很多方面的认知是在那段时间建立的，这些认知构成了《结网》的主要内容。

导师强迫我们聚焦于产品瓶颈的时候，也许会限定我们解决问题的手段。比如坨厂（糗事百科的吉祥物叫坨坨）有些产品经理把内容分发理解为给内容增加更多入口。我告诉他们有入口不等于有人会去访问这些入口。默认入口的访问量大概率会占到80%，如果不在这里解决分发问题，就没有办法解决问题。产品经理在迭代下个版本的时候把其他入口都去掉了，用户想要什么全由默认入口提供。随着正视瓶颈和着手解决瓶颈问题，产品经理对用户和产品的理解才正式开始。如果把时间和资源花在非瓶颈问题上，就达不到这个成长效果。公司内的大佬能结合工作实践分享一些经验、策略的话，我们就能成长得更快，这就好比直接修改深度学习的算法，从AlphaGo变成了AlphaZero。

既然建立行业认知这么难，建立之后能不能跨产品应用呢？如果不同的产品有类似的核心问题，比如匹配策略，那么对于这个核心问题的行业认知就能跨产品应用。搜索引擎要解决用户搜索意图和互联网内容的匹配，内容产品要解决用户兴趣和内容的匹配，电子商务要解决用户需求和商品的匹配，交友软件要解决用户和用户的匹配，对战游戏要解决玩家和玩家的匹配。如果你能理解匹配，你的认知就能在很多产品中发挥作用。问题不同，所需要的行业认知便不同，比如匹配策略对钉钉和 Zoom 用途就没有那么大。每个行业的从业者都需要把握好机会并且浸淫足够长的时间，只有这样才能触探到行业认知的前沿。行业认知的深度比广度更有价值，频繁更换行业不利于行业认知深化。

沟通能力

产品经理在产品团队中是沟通的中枢，助理级产品经理可以通过总监级产品经理出面沟通，总监级产品经理必须要和产品团队中的所有人进行有效的沟通，否则就难以开展工作。先看几个沟通案例。

- 坨厂的一个后端开发人员买了 Switch 游戏机，他所在项目组的前端小伙伴得知后，把自己玩过的十几张卡带打包卖给了他，价格 100 元。
- 我所在游戏联盟的盟主因为爱人反对忍痛离开游戏了，把充值几万元的游戏账号转让给了联盟里的兄弟，价格 200 元。
- 坨厂发现游密语音 SDK 存在状态同步的问题，偶尔会出现声音错乱。我反馈给游密创始人白宁，白宁立马拉群解决，说他亲自盯进度，后续他确实也亲自跟进并解决了问题。

这些案例超出了正常的砍价能力或沟通能力，可以归结于"关系"。英语中有 guanxi 这个词，以区分 relationship，好像西方世界就没有"关系"似的。关系就是在交往中积累的个人信用，我说到做到，你说到做到，我们之间就建立了关系。在后续的交易中我们可以预支个人信用，我吃点亏帮你，以后你也会帮我。当个人信用被严重透支，我口头说做到却放了鸽子，你说到做到吃了大亏，于是关系就破裂了。

关系建立后，沟通就变得容易了。建立关系这个过程，则需要沟通（说到）和沟通之后将成功案例落实到位（做到）。

如果手握资源，产品经理也许可以通过出让资源或者等价交换来说服其他人。但是产品经理并没有掌握什么资源，开发资源在开发团队中，营销资源在营销团队中，奖金分配是部门经理说了算。要想在沟通后落实出大家共赢的成功案例，对于产品经理来说，只有创造价值这一条路。"我做了一份靠谱的产品需求文档，我们基于它一起做靠谱的事情会让产品更有竞争力，我们每个人的岗位都会更牢靠，履历更漂亮，前途更光明，而不是做伪工作浪费大家的时间。"

> 如果你想造一艘船，不要抓一批人来搜集材料，不要指挥他们做这个做那个，你只要教他们如何渴望大海就够了。
>
> ——《小王子》

对方为什么会对产品经理的提议感兴趣呢？除了能看到共赢的可能性，再就是产品经理的个人信用了。如果产品经理总是说到做不到，说得再好也吸引不了人。但是，如果产品经理的成功案例很丰富，你的提议哪怕别人一时听不懂，也会有兴趣花时间深入了解。保持坦诚，持续提升自己提议的成功率，就是沟通的捷径。

对内沟通和升职要靠成功案例，跳槽一样要靠成功案例。销售人员跳槽可以带走自己的客户，运营人员跳槽可以带走公会，产品经理跳槽能带走用户吗？产品经理能带走的只有自己的能力，而成功案例是判断能力的主要依据。成功案例有运气的成分，也有选择的功劳。如果每次都能选择成功概率高的公司和产品就职，几年下来总能遇到成功案例。帮助我们在职业生涯中做出正确选择的是什么？逻辑、行业认知和沟通。我们可以用逻辑和行业知识来分析一个产品的成功概率，可以和老板沟通了解他的能力和产品路线图，综合这些信息就能得出自己的判断。

能力的提升可以让产品经理积累更多成功案例，成功案例可以让产品经理在更大的舞台继续提升自己的能力，这就形成了螺旋式上升。如果不注意能力提升，靠运气得到的成功案例，过不了多久就会凭能力败光。

老板级产品经理

从总监级产品经理到老板级产品经理，需要的是什么？我猜，要敢于思考人类社会中的基本问题，比如衣食住行，要敢于去解决这些问题。我还没到这个层次，没操盘过用户过亿的产品，就不妄言了。

3.3 入行

有些人想做产品经理是因为对工作内容感兴趣，想体验造物的感觉；有些人想做产品经理是因为向往财务自由，觉得这个岗位有机会。想要过上更美好的生活是很好的工作动力，是件好事。互联网产品有机会规模化服务用户，相应地，就有机会规模化套现（上市、出售、分红等）。产品经理如果在产品实现规模化套现的过程中起到了比较大的作用，自然有机会实现财务自由。

入行做产品经理，通常没有笔试环节，只有面试。面试什么内容？当然就是产品经理需要不断积累的能力和成功案例。子曰："不患无位，患所以立。不患莫己知，求为可知也。"在这个场景里就是，不怕没有职位，就怕没有胜任职位的本领；不怕没人知道自己，要想办法让猎头来找自己。

应届毕业生没有从业经验和成功案例怎么办？招聘方了解这个问题，对应届生没有这方面的要求。校招是入行产品经理门槛最低的机会，入职后通常还会有较长时间的带薪培训期。想要把握校招机会，最好能在投简历前获得一些实习经验，或者好好经营自己的自媒体积累一些案例和数据，这样你的竞争力会胜过一张白纸。如果实习和做自媒体都来不及了，也没关系，起码你在读这本书了，不是吗？

转行的话，互联网相关的运营、增长、数据、开发等人员再去面试产品经理岗位会相对容易一些，因为日常工作往往跟产品经理有交集，算是"见过猪跑"了，把工作中的成功案例用产品经理的视角好好包装一下还是有希望的。讲一个面试的小技巧，描述自己从业经历中的成功案例尽量将其量化，无论成功是大是小，用逻辑和数字把工作期间实现的增长讲清楚，可以最大程度上避免自己的简历被招聘专员和部门经理筛掉。

和产品经理关系更远的岗位要转产品经理就比较难了。产品经理在产品团队中算是无冕之王，前面讲如果产品经理能力不足，是个伪工作者那就很可怕，所以社招的门槛比校招高多了。既然这件事情很困难，建议你首先想清楚，自己有没有那么想当产品经理。下面是俞军在2000年发给百度的求职信（参考《俞军产品方法论》一书），大家可以感受一下他的热情。

> 搜索引擎9238，男，26岁，上海籍，同济大学化学系五年制，览群书，多游历。
> 1997年7月起在一个国营单位筹备进口生产项目。
> 1999年4月起在一个代理公司销售进口化工原料兼报关跟单。
> 2000年1月起在一个垂直网络公司做分析仪器资料采编。
> 2000年7月起去一个网络公司应聘搜索引擎产品经理，却被派去做数据库策划，9月起任数据中心经理。
> 长期想踏入搜索引擎业，无奈欲投无门，心下甚急，故有此文。
> 如有公司想做最好的中文搜索，诚意乞一参与机会。
> 本人热爱搜索成痴，只要是做搜索，不计较地域（无论天南海北，刀山火海），不计较职位（无论高低贵贱一线二线，与搜索相关即可），不计较薪水（可维持个人当地衣食住行即是底线），不计较工作强度（反正已习惯了每日14小时工作制）。
> 进一步了解：
> sousuoyinqing9238@sina.com
> OICQ：XXXXXXX
> Tel：021-XXXX1694

再看看他用网名搜索引擎9238建设的个人网站"搜索引擎研究院",如图3-4所示。

图3-4 俞军的个人网站

如果你也有这样的热情,总会找到办法得偿所愿,比如先进入一家互联网公司从事任何岗位,再谋求内部调动。

第二部分

创建互联网产品

成为产品经理相当于成功创建了游戏账号,想要在游戏里闯出一片天,还需要创建自己的产品。为什么要做产品,要做什么产品,怎么把产品做出来,产品做出来之后值不值得继续投入?在这一部分,我们将一一找到这些问题的答案。

4　确定产品概念

5　验证产品概念

6　"黑天鹅"和"灰犀牛"

第 4 章
确定产品概念

在聊具体的产品概念之前，我建议产品经理先和老板聊另一个问题：做产品的目的是什么？是想快速实现盈利获得财富，还是快速扩大规模融资上市获得财富，还是做公益送给世界一份礼物？

4.1 为什么做产品

世界上大多数产品是出于创造财富的目的而被创造出来的。产品，比如饮水机，可以 7×24 小时不眠不休地工作，提供单次服务的成本相比人力低得多，最妙的是产品团队休息的时候它依然在工作赚钱。产品团队可以躲在不知疲倦的饮水机后面制造更多饮水机，比如建一个有数万台饮水机的饮水中心，一天可以服务几千万人。如果没有建饮水中心，只用人力，产品团队的几十个人三班倒也无法服务这么多用户。当产品可以为大规模用户持续不断地提供价值时，就有机会实现盈利，为产品团队创造财富。

通过创建产品实现创造财富的目标，有两条路可以选：一条路是几个月内快速盈利，实现健康的现金流，再逐渐扩大自己的市场份额。这种情况下产品团队的财富是缓慢、稳步积累的，我们可以称之为**正现金流小跑模式**。另一条路是先垄断后变现，用高速增长追逐垄断地位，靠融资输血缩短实现垄断的时间，获得垄断地位后或出售或上市为团队创造财富，之后产品有充足的时间慢慢变现，我们可以称之为**负现金流狂奔模式**。

坦白讲，哪个模式都不容易。《中国小微企业金融服务报告（2018）》指出，中国中小企业的平均寿命只有 3 年左右。TechCrunch 统计了 2003 年至 2013 年间创立的 1.56 万家科技创业公司获得融资的情况（见图 4-1），61% 的公司没能获得 A 轮投资，77% 的公司拿不到 B 轮融资，而这十年可是互联网行业发展的黄金时代。总之，想要快速实现正现金流很难，想要靠规模增速获得投资也很难。

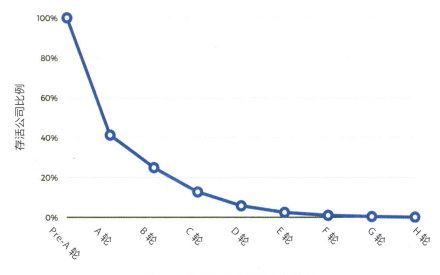

图 4-1　美国初创公司的生存曲线

还有一些产品并非出于财富目的被创建出来，比如维基百科、比尔及梅琳达·盖茨基金会。它们不追求正现金流，只为服务大众，由创始人自己出资或靠募捐维持运营。

在明确做产品的目的后，才能根据目的筛选产品概念。如果要做非盈利产品，就不用考虑变现了，而要重点考虑用户价值和资金来源。如果要采用正现金流小跑模式，那么没有明确盈利模式的产品概念就可以筛掉了。这个目的在产品生命周期中可以改变，比如本来想用正现金流小跑模式，讨论产品概念的时候发现了一个潜在用户规模巨大的蓝海市场，果断切换到负现金流狂奔模式试试看能否把握住这个机会。尝试一段时间后发现融资环境变冷，负现金流狂奔模式要出问题了，于是又切换回正现金流小跑模式。但要注意，这种切换对于团队能力和用户接受度都是巨大的考验,不要轻易尝试。

怕就怕,没有明确做产品的目的就确定了产品概念,或者在工作中迷失了做产品的目的,陷入正现金流小跑模式和负现金流狂奔模式的反复摇摆之中。一个创业的朋友跟我分享过他的一段经历,产品发展到一定阶段后,融资前景不明朗,用户规模继续扩大的话,公司现金储备会快速减少,变现是否来得及扭转现金流也是未知数,他日复一日地焦虑不安。一天开会,他向大家宣布:"我们要尝试用课程收费模式变现。"会后一个员工找到他说:"老大,昨天开会你不是这么说的。昨天还说我们要继续扩大免费课程规模,今天又说尝试收费,前后冲突了,我们怎么执行啊?"这时候他才突然发现,自己完全不记得昨天讲过什么了。

4.2 获取产品概念

我们通常是通过图标和名字来认识一款应用产品的。点击图标后首先看到的是产品的图形界面,使用过程中才会感受到产品提供的内容或服务。创建产品的过程则相反,斯科特·麦克劳德(Scott McCloud)在《理解漫画》一书中谈到,一切媒介中的一切作品的创作都遵循 6 个步骤,如图 4-2 所示。

概念→形式→风格→结构→工艺→外观

图 4-2　一切作品创作遵循的 6 个步骤

比如我们想画一个苹果，那么**概念**是苹果，画成油画、水粉还是素描是**形式**。假如选择油画形式，则**风格**可以选择野兽派、印象派或新古典主义。**结构**是画面如何构图，苹果放在什么位置，周围需不需要一些点缀。**工艺**则是绘制的过程，**外观**是整个作品的观感。

对应到互联网产品，这 6 个步骤就变成了：

产品概念→产品形态→产品定位→信息架构→开发→交互设计和视觉设计

产品概念是指产品满足用户哪方面的需求，比如看新闻的需求、购物的需求、交友的需求。**产品形态**是指即时通信、网上商城、信息流（可以滚动浏览的内容流，如新闻、好友动态、短视频等）、直播、聊天室等。一个产品概念可以通过多种产品形态实现，比如交友的需求，可以通过信息流（陌陌中的附近动态）实现，可以通过直播（陌陌中的附近直播）实现，也可以通过聊天室（陌陌中的聊天室）实现，还可以把这些产品形态组合起来（陌陌）。同样，一个产品形态也可以实现多种产品概念，比如信息流可以实现看新闻的需求、了解好友动态的需求或交友的需求。

产品定位是指产品希望在用户心中建立怎样的形象，比如"美团外卖，送啥都快"。**信息架构**是产品如何把自己的信息分类、分层级，比如微信 4.0 把"找朋友"换成"发现"后，多年来底部就一直保持"微信、通讯录、发现、我" 4 个入口，信息架构非常稳定。**开发**是技术方案和项目管理，比如开发网站、小程序还是应用，敏捷开发还是瀑布式开发。**交互设计和视觉设计**让用户能够"看得见摸得着"整个产品，比如美团外卖把图标设计成一只袋鼠，以强化自己的产品定位。

在获取产品概念过程中，一个比较常见的错误是从技术出发开始创建产品。区块链火了，我们用区块链技术来做个产品吧。当我们手里有把锤子的时候，看什么都像钉子，对现实世界的认知就被扭曲了，用户需求也被扭曲了，我们会捕捉到并不真实的用户需求，进而产生错误的产品概念。满足用户的某个需求非要用上区块链吗？传统数据库会不会更好呢？在区块链圈子里赚得盆满钵满的加密货币交易所用的可是传统技术。

另一个比较常见的错误是从产品形态开始创建产品。短视频火了，我们也来做一个短视频产品吧。我们这个短视频产品要满足用户哪方面的需求呢？可以发布短视频，可以观看短视频？从产品形态出发创建产品会导致产品概念缺失。用户想看到优质的内容，而海量内容才能产出一定的优质内容，如何保证做一个短视频产品就能获得海量内容呢？用户使用我们产品的理由是什么？此外，很多有价值的产品概念并不能用现有的产品形态来实现，而需要创造自己的产品形态，比如ICQ、Pinterest、Tinder、Twitch、Uber等。

快手可能是把满足小镇青年的表达欲望作为产品概念（纯脑洞案例，与产品的实际概念无关），抖音作为后来者可能是把满足城市年轻人炫舞姿和看漂亮"小姐姐"的需求作为产品概念（纯脑洞案例，与产品的实际概念无关）。它们并不是笼统的能发视频、能看视频，而是瞄准了目标用户的具体需求。

> **思考题**
>
> 能用文字表达自己的人多，还是能用视频表达自己的人多？为什么？

快手和抖音这个脑洞案例体现了寻找概念的两个技巧，首先是"抄"，了解其他产品的概念，然后替换。既然小镇青年有表达欲望，城市年轻人是不是也有表达欲望？其他国家的人会不会想要表达些什么？把目标用户替换一下就形成了新的产品概念。或者，目标用户不换，重新审视用户需求，用户是不是希望自己在视频里看起来更美一些？—"抄"一换，全新的产品概念就诞生了，和现有产品还不撞车，可以开拓自己的新市场。

光"抄"不换行不行？看情况，这个问题的关键在于，开拓全新的用户要比把某个产品的用户转化成自己的用户成本低得多。美团联合创始人王慧文分享过一个数据，存量市场的获客成本起码要比增量市场高10倍。如果现有的产品没有形成垄断，还有很多用户不知道它可以满足自己的需求，"照抄"

没什么问题，淘宝可以直播带货，快手和抖音也可以直播带货。

▶ 孙正义的时间机器理论

1973年，16岁的孙正义离开日本去美国求学，通过发明电子翻译机赚到了人生的第一桶金。24岁回到日本成立了软银，两地的工作经验一结合，他形成了自己的时间机器理论：能占领美国市场的产品，在几年后就会占领日本市场，之后是其他市场，成熟市场的今天是新兴市场的明天。比如：

- 1994年美国出现导航站雅虎，1999年中国出现hao123网址导航；
- 1998年美国出现在线支付产品PayPal，2004年中国出现支付宝；
- 2009年美国出现WhatsApp，2010年韩国出现KakaoTalk，2011年中国出现微信。

孙正义用时间机器理论做投资，曾经当过3天世界首富。德国有一家公司叫火箭网络（Rocket Internet SE），用同样的投资策略也赚得盆满钵满。赛博朋克之父威廉·吉布森（William Gibson）在1993年表达过类似的观点："未来已来，只是分布不甚均匀。"现在，未来并不一定先出现在美国，中国产品有很多自己的创新，出海和被"照抄"的案例越来越多了。

如果现有产品已经在一个产品概念上形成了高壁垒的垄断，比如微信垄断了我们的大部分日常即时通信需求，根据梅特卡夫定律（即网络效应），微信的价值与其用户数的平方成正比，把它"抄"一遍没有任何意义，甚至更换产品形态，把发文字、语音为主改成发短视频为主，都没有意义。如果现有产品已经形成了低壁垒垄断呢？回答这个问题需要较长的篇幅，我会在第三部分解答。

❓ 思考题

铁路和航空哪个更容易形成垄断？微信更像铁路还是更像航空？

其实除了产品概念、产品形态、产品定位、信息架构、开发、交互设计和视觉设计都可以"抄"。版权法只保护表达（比如代码、图形界面），并不保护表达背后的思想。专利保护的是技术方案，也不能禁止他人用别的技术方案实现同样的目标。比如 Android 和 iOS 如此相似，法律要求 Android 修改的也只是门闩式的滑动解锁，Android 改成无限定区域的滑动解锁就绕开了苹果的专利。法律为什么要给后来者留下"抄"的空间呢？如果太过严苛，就会限制人类的创新能力，微创新无法萌芽；如果放任抄袭，发明新技术和新产品的人得不到回报，就没有了创新的动力，目前的法律是取舍的结果。

不"抄"行不行？行。我们可以在日常生活中发现尚未满足的用户需求，比如自己的需求，自己家人的需求，同学、同事的需求，网上朋友的需求，等等，例如打发无聊时间就是人类长期存在的需求。1888 年，居住在爱尔兰贝尔法斯特的苏格兰兽医约翰·邓禄普（John Dunlop），看到儿子自行车的实心橡胶轮子在石头路上颠簸得很厉害，可能是出于父爱，他开始琢磨怎么给自行车减震。在一次给牛看病治疗胃胀气的过程中，邓禄普获得了灵感，他做了一根能通过活门充气的管子，外面涂上橡胶作为保护层，比实心橡胶轮子减震能力强很多的充气轮胎就此诞生。今天的车主们都应该感谢产品经理邓禄普，是他保护了大家的屁股。

在"抄"和发现之外，还有第三种获取产品概念的方式，设计一个使用未来科技的产品来满足可能长期存在的用户需求。科幻小说家经常这么做，产品经理有时也会这样做。虽然这样设计出来的产品是暂时无法实现的概念产品，但它能为我们指明努力的方向。

> ▶ 艾伦·凯与 Dynabook
>
> 1968 年，艾伦·凯还是一名博士的时候，提出了 KiddiComp 的概念，当时他就在考虑什么是真正意义上的便携了。1972 年，艾伦·凯进一步发展和完善 KiddiComp 的概念，提出了概念便携式教育设备的具体要求，并将其改名为 Dynabook（一种适合各年龄段儿童使用的个人电脑）。艾伦·凯在 1972 年发表的论文中首次展示了 Dynabook 的草图。图 4-3 为

艾伦·凯在 2003 年的一次技术大会上展示 Dynabook 的实体模型。艾伦·凯对"便携"的定义是：你可以同时携带其他东西；对"手持"的定义是：你还可以帮别人拿东西。他通过计算认为，便携设备的屏幕至少要支持 100 万像素（分辨率差不多是 720P）。而且屏幕较大，可以显示真正的文件页面。另外，机器需要轻薄，重约 2 磅（0.9 公斤，很接近 11 英寸[①]的 MacBook Air）。

图 4-3　艾伦·凯展示 Dynabook 实体模型

对比 1969 年发布的 Data General Nova 计算机（见图 4-4），不难看出，当时的科技还远远不足以实现艾伦·凯设想的 KiddiComp。即便到了今天，创建 Dynabook 所需的硬件已经出现，但艾伦·凯仍然认为人们尚未发明真正的 Dynabook，因为缺少关键的软件和教育课程。

图 4-4　Data General Nova

---

① 1 英寸等于 2.54 厘米。——编者注

从 1969 年，到 2008 年 MacBook Air 问世、2010 年 iPad 问世，人类的身体没有发生太大变化，而人类对计算的需求比以前更强、更普遍了。Dynabook 对"便携"和"手持"的定义精准捕捉到了用户的需求，启发了几十年后的轻薄笔记本电脑和平板电脑。

有时候我们看到一个新产品像魔法一样神奇，但对于产品团队来说，它并没有使用未来的科技，只是因为信息不对称而已。2007 年发布的初代 iPhone，大屏幕，不需要手写笔，多点触控，惯性滚动，太神奇了，媒体惊呼领先业界 5 年。而苹果公司内部的视角是，2005 年苹果收购 FingerWorks 公司获得了多点触控技术，这家公司在当时已经生产了一种名为 iGesture 的多点触控板（见图 4-5），操作体验类似于今天苹果的 Magic Trackpad。把 FingerWorks 的多点触控技术直接用到屏幕上，就变成了不需要手写笔的触摸屏。苹果的 UI 设计师巴斯·奥尔丁（Bas Ording）在此触摸体验的基础上设计了一个滚动通讯录的演示，其中的神来之笔就是拟物化的惯性滚动和回弹效果，连乔布斯都为之惊叹。当苹果公司秘密组装这些技术和设计的时候，用户们还在用着连电阻屏都没有的小屏手机，这种信息不对称之大，能不震惊世界吗？

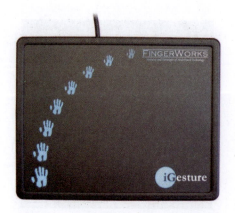

图 4-5　FingerWorks 生产的 iGesture

4.3 筛选产品概念

QQ、移动 QQ 都是 Pony 先提出产品概念后创建的产品，腾讯第一个自下而上提案并取得巨大成功的产品是什么？2002 年，腾讯（北京）的一位销售人员发现韩国有一种"小人换衣服"的产品正在流行，把这个消息告诉了深圳总部的 Kurt（许良）。Kurt 研究这个产品形态后发现它叫 Avatar（化身），解决了用户在网上交流时需要一个容易辨认和记忆的虚拟形象的需求。Avatar 产品最早由 SayClub 发明，随即被韩国各大门户网站模仿。为了说服公司立项做这个产品，Kurt 写了腾讯第一份内部商业计划书，详细阐述了 Avatar 产品的用户需求、应用场景、变现模式、收入规模、与腾讯产品的契合度、开发成本、开发周期、利润目标等，向公司高层汇报后得到了肯定，QQ 秀就此诞生。

不是每个产品概念都能达成我们做产品的目的。在正式立项之前，我们需要对产品概念进行筛选，避免不靠谱的概念变成伪工作。筛选就是收集竞争情报并且思考 3 个问题：

- 能不能做？
- 值不值得做？
- 做不做得成？

能不能做

有 3 种情况代表不能做：

- 概念无法产品化；
- 市场已经被垄断，无法进入；
- 门槛太高，没有资源上牌桌。

第一种情况是，概念无法产品化。未来很可能会出现 L5 级自动驾驶汽车（完全自动驾驶，在任何道路都能自动驾驶），但截至 2021 年 1 月，L3 级自动驾驶汽车（有条件自动驾驶，在特定道路上可以完全接管车辆，但需要驾驶员随时准备应对车辆无法处理的突发情况）还没量产销售，立项开发 L5 级自动驾驶很可能会死在无法产品化的沙滩上。

对于自己想到的产品概念，特别需要思考概念能否产品化这个问题。《呆伯特法则》中说："我们这个星球有将近六十亿个白痴，生活在几千个聪明得不得了的突变种所设计的文明里。"我们真的这么聪明，发明了新的产品概念吗？在大多数情况下答案是否定的，天才如牛顿，发明微积分的时候也还有莱布尼茨先发表了微分论文和积分论文。所以，先平复一下发明所带来的激动之情，静下心来好好找找有没有现成的产品。如果没找到，那就更要警惕了，为什么思考过这个概念的人都放弃了呢？

2018 年微猫创始人陈嘉榕给我介绍了一个网站叫 BuildWith，口号是"发现网站是采用什么技术创建的"，它分析了全球 2.5 亿个网站所使用的技术，比如某个网站用 Ubuntu 服务器、Google AdSense 变现、Google Optimize 360 做 A/B 测试，基于这些信息它还可以分析某个技术有哪些网站在用、渗透率是多少。我没有分析网站的需求，却有很强烈的分析应用的需求，如果能了解其他应用采用了什么技术，坨厂在做技术选型的时候就有了数据可以参考。

BuildWith 的商业模式是卖分析报告，买家通常买自己竞品的客户名单，然后挨家挨户推销自己的产品，那么为应用提供技术的服务商是否也有类似的需求？我问了几个做 2B（面向企业）业务的朋友，他们表示很感兴趣，如果有这样的报告愿意购买。这不是我全新发明的产品概念，是对 BuildWith 一"抄"一换后形成的概念，重点是，搜索下来没看到这类产品。为什么没有被产品化呢？我想到几种可能性：

- 拆解分析应用在技术层面无法实现；

- 销售拆解后得到的信息触犯法律（BuildWith 获取信息并不需要拆解，网页都是明文的）；
- 市场规模太小，赚不到钱（属于值不值得做的问题）。

和公司内外的技术专家们交流后，我发现拆解分析应用并非无法实现，是可以通过拆解看到其使用的第三方技术组件的，所以，没有这类产品应该是技术之外的原因。之后，考虑到法律风险、坨厂是个 2C（面向普通用户）小公司没有 2B 销售能力、收入规模不明朗等原因，放弃了这个产品概念。这个概念能否变成财富呢？在坨厂放弃之后，42matters、AppAnnie 和 SensorTower 这些本来就卖报告的公司陆续推出了应用技术分析服务（见图 4-6），对于他们来说可能比较容易创收吧。

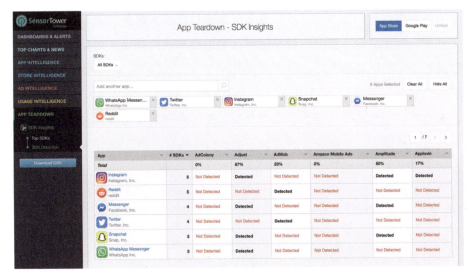

图 4-6　SensorTower 的 App 拆解分析服务

第二种情况是，市场已经被垄断。如果市场被垄断了，没有颠覆性的创新是没有任何机会的，比如即时通信领域的微信，你怎么挑战它？需要注意的是，有时候看似垄断但实际上没有垄断，比如微信并没有垄断企业通信市场，钉钉就抓住了机会；比如淘宝并没有垄断下沉市场和中老年用户，拼多多就看准了机会。

第三种情况是，产品门槛太高，手头资源不够。助理级产品经理容易局限在功能视角中，搜索引擎就是一个输入框和搜索结果页，看起来很简单啊；短视频就是视频信息流，可以发视频可以看视频，我们也能做吧。只盯着产品功能，就会忽视产品带给用户的价值到底是什么。在百度搜索"中国"，一秒钟之内能返回一亿条结果，其中一些内容是几分钟之前刚刚出现的。不说相关性的问题，光是这个索引量和抓取速度，都是很高的门槛。根据快手发布的《2019快手内容报告》，快手已经有近200亿条视频，2019年有2.5亿人在快手发布作品，这个内容规模和创作者规模就是很高的门槛。

门槛太高是否意味着只能放弃呢？其实加入已经跨过资源门槛的公司也是一种选择。2005年，在太原市某国企工作的马占凯想到了一个关于拼音输入法的颠覆性产品概念，他发现搜索引擎把用户搜索最多的词汇和短句建成了词库，当用户输入部分内容的时候就能给出准确的建议，如果拼音输入法也具备这个能力，输入效率会大幅提升。唯一的问题是，这些数据都掌握在搜索引擎公司手里。抱着资源在哪儿就去哪儿的想法，马占凯给百度写信毛遂自荐，奈何石沉大海，他没有气馁，最终得到了搜狐的入职机会，于是搜狗输入法横空出世。今天，我们所使用的拼音输入法大都有搜狗输入法的影子。

QQ秀的商业计划针对这三种情况都进行了分析，首先韩国已经做出了这个产品，技术上没有太高的门槛，不存在无法产品化的问题；其次国内目前还没有同类产品，但其他门户网站可能在秘密开发，还不存在垄断；最后，开发成本可控，设计成本可控，对于腾讯来说不构成进入门槛。

值不值得做

推理小说家紫金陈在开始自己的写作事业之前曾做过两年产品经理，钱没赚到多少，身体还变差了（高危职业警告）。在他辞职思考未来做什么的时候，

《嫌疑人X的献身》给了他启发，他盘算了一下："在世界范围内，推理小说是一个很大的门类，国外许多畅销小说是悬疑推理类的，说明这类故事在读者间有市场。但在国内，写得好的推理小说作者屈指可数，好好写的话，起码是能挣到钱的。"

紫金陈给自己定的目标是："如果一本实体书能卖到3万册，按每本盈利两块来算，就能挣到6万块。再算上移动阅读端的收入，一本小说应该能挣10万块。"如果紫金陈一年能写两本小说，收入20万，对当时的他来说是个很不错的财富目标。

如果一家公司一年的整体利润是500亿元，你觉得它会对年利润20万元的产品感兴趣吗？年利润5亿元的产品只能让公司利润增长1%。了解一个产品概念所对应的财富规模，才能判断它值不值得做（以财富为目的的话）。如果准备采取负现金流狂奔模式，不用太在意现金流和利润，用户规模够大就值得做。如果准备采取正现金流小跑模式，商业模式、现金流和利润都是重要的考量因素，个人爱好和情怀不能当饭吃，产品最好能从第一天开始就建立现金流。QQ秀的商业计划测算出了一个能打动老板们的利润目标，是得到认可的重要一步。

判断一款产品值不值得做，可以从两个问题入手：

- 全球最佳实践是哪个产品？
- 中国最佳实践是哪个产品？

如果有现成的产品可供参考，我们就可以通过财报和公开信息了解它的市值或估值、现金流和利润、用户规模、渗透率等信息，基于这些信息就可以推断它所能达到的财富目标是不是我们想要的。如果没有最佳实践案例，判断值不值得做就需要更多假设，而基于多个假设得出的结果很容易出现较大偏差。

没有最佳实践案例的时候，我们可以通过一些公开报告来估算用户规模。比如我想做个公益性质的视障者交友平台，通过搜索找到一份《2018 年视障网民移动资讯行为洞察报告》，了解到中国视障者有 1300 多万，其中 20 岁以上的占 77.1%，没有单身比例的信息。根据第六次[①] 全国人口普查数据中的《5-3b 全国分年龄、性别、受教育程度、婚姻状况的人口（镇）》，20 岁及以上的人口中，无配偶比例为 19.5%。假设视障者也是这个比例，20 岁及以上的单身视障者就有 1300 万 ×77.1%×19.5%=195 万。如果在该人群中产品的渗透率能达到 10%，就可以服务 19.5 万用户。

为什么要把全球和中国分开看？互联网是个单一大市场没错，但中国互联网由于国内市场规模、语言、文化等原因，是这个单一大市场中的特殊市场。全球市值排名前 10 的公司中，互联网公司有 7 家，其中美国公司 5 家，中国公司 2 家（别拿可变利益实体 VIE 说事），其他国家和地区 0 家，如表 4-1 所示。

表 4-1　全球市值排名前 10 的公司

排名	公司名称	市值（万亿美元）
1	沙特阿拉伯国家石油公司	1.72
2	苹果	1.47
3	微软	1.42
4	亚马逊	1.27
5	Alphabet（谷歌母公司）	0.96
6	Facebook	0.65
7	阿里巴巴	0.58
8	腾讯	0.54
9	伯克希尔·哈撒韦	0.44
10	Visa	0.41

注：市值数据日期为 2020 年 6 月 14 日。

---

① 第七次全国人口普查暂未公布单身比例相关数据，故这里用 2010 年第六次全国人口普查数据。——编者注

> **? 思考题**
>
> 中美之外的国家和地区为什么没能诞生全球市值排名前 10 的互联网公司？

做不做得成

站在 2020 年看 2002 年的 QQ 秀商业计划书，我依然觉得 Kurt 当时的回答非常充分。下面从获客杠杆、留存杠杆、变现杠杆、资本杠杆这 4 个方面来看看当时 Kurt 是怎么分析的。

获客杠杆：QQ 就是完美的获客杠杆，Kurt 在分析用户需求的时候还列举了个性化、追逐新奇、攀比、从众等用户动机。

留存杠杆：Kurt 在分析 Avatar 业务竞争要素的时候写了一条很关键的内容，"Avatar 的展现频率"，真的是洞察了这个产品概念的本质。站在巨人肩膀上我可以补充的一点是，展现时长。展现频率和展现时长除了能让用户充分体验自己的 Avatar，同时也是高效的获客杠杆，让看到朋友 Avatar 的用户也有购买冲动。

变现杠杆：韩国产品成熟的变现模式加上 QQ 成熟的付费渠道和用户付费习惯。可以补充的一点是网络效应，同样的价格买 Avatar，在用户数越多的产品中其使用价值就越大，用户就会觉得越划算，而 QQ 恰好有这个优势。

经常有热心用户给坨厂提建议，说你们也可以卖 Avatar、头像框啊。有些商业模式也只在用户规模够大的时候才成立，小产品的网络效应不足以支撑用户付费购买 Avatar，零星卖出去几个根本收不回开发成本。

资本杠杆：开发成本对于腾讯来说可接受。

资本杠杆是可变杠杆，它可以支撑团队产品的日常开支，可以加大获客投放或直接补贴用户变身获客杠杆，还能并购高留存的产品爆发式获客，顺便提升留存杠杆，或者并购高变现产品提升利润。通常来说，资本杠杆和产品的发展是自动匹配的，资本会主动寻找发展到一定阶段的产品进行投资。如果你的产品发展停滞不前，单靠"刷脸"是很难调动资本杠杆的。当利用不上资本杠杆的时候，就更需要好好琢磨获客杠杆、留存杠杆和变现杠杆了。找不到有效杠杆的话，就要回到筛选概念的第一个问题了，这个产品概念能不能做呢？另外，忽视产品本身，在资本杠杆上搞太多创新，不一定能走得远。

获客、留存和变现这三大杠杆不仅决定了产品做不做得成，在产品发展的过程中也决定着产品可以走多远飞多高。对这三大杠杆的了解越深入，对产品概念的预判就越靠谱，从而能最大程度避免错过有潜力的概念以及在没有前途的概念上浪费资源。产品在发展中进入衰退期的先兆并不是市场份额下降，而是失去获客、留存和变现的创新能力，陷入低效打磨的泥淖。所有产品都会走到无新可创这一步，保持战略上的勤奋也会有无法继续产出战略的一天，但这一天来得越晚越好。三大杠杆是如此重要，我们非常有必要展开聊聊。

4.4 获客、留存与变现

获客杠杆

获客杠杆需要同时满足两个条件，一是获客规模足够大，二是获客成本可接受。我们可以请家属使用自己的产品，获客成本为 0，但规模太小，不能形成杠杆。用户多的产品都是潜在的获客杠杆，比如 iPhone、应用商店、微信、百度、微博、抖音、bilibili、春晚，等等。图 4-7 是 QuestMobile 估算的互联网"顶流"广告媒介，其中淘宝是中国最大的广告平台，意不意外？通过大产品获客，大致有广告和捆绑两种方式。

注

1. 参照公开财报数据，结合 QuestMobile AD INSIGHT 广告洞察数据库进行估算。
2. 筛选 2019 年 12 月活跃用户数 ≥ 1000 万的典型媒介。
3. 部分广告收入说明：
   a) 微信包含朋友圈 + 公众号广告，不含小程序及优量广告；
   b) 手机淘宝，京东广告收入不包含佣金；
   c) 百度广告收入包含信息流广告及搜索广告；
   d) 用户活跃规模为 App 媒介，广告收入包含 App、PC、OTT。

来源：QuestMobile TRUTH 中国移动互联网数据库，AD INSIGHT 广告洞察数据库，营销研究院（2020 年 4 月）。

图 4-7　2019 中国互联网 TOP 媒介广告流量格局分布

广告

广告通常分为效果广告和品牌广告两类。《混乱的猴子》的作者安东尼奥·加西亚·马丁内斯认为，效果广告和品牌广告的目的都是"让你花你可能没有的钱买你可能不需要的东西"，它们的差别在于注意力和行动之间的时间间隔。时间间隔短，比如点击下载一个 App，就容易实现归因分析，就是效果广告。时间间隔长，比如中国的奔驰 S 级车主平均年龄是 38 岁，他们在买车之前可能已经看了 20 多年的广告，看过 N 个媒体上的 N 个广告，每个广告产生多少效果是难以分析的，于是只能叫作品牌广告。

所以，效果广告和品牌广告不是靠媒体区分的，并不是说能够跟踪用户点击的广告就是效果广告，奔驰 S 级投放互联网广告也分析点击，也不是说电视、报纸广告就是品牌广告，脑白金经常被当作品牌广告的成功案例，但史玉柱自己是怎么看的呢？《史玉柱自述：我的营销心得》中说，"最好的广告其实就是推销产品"，广告预算不够的话，"隔天播的费用比每天播费用少 50%，但它的效果下降得远远不到 50%，效果只是略微下降。不是说我费用减少 50%，效果也减少 50%，效果只是略微下降一点"。可见史玉柱非常在意电视广告的效果，并且在持续优化电视广告的投放策略，提升投资回报率。

小公司，新产品，能否通过广告获客？可以，稍微留意一下就会发现很多成功案例，有不少工具软件主要依靠广告来获客，小规模的直播产品和聊天室产品也很依赖广告。对于正现金流小跑模式，通过广告获客的核心问题是投资回报率，而投资回报率取决于广告获客成本和用户生命周期价值。成熟的广告平台都采用竞价模式让自己的收入最大化，竞价的结果就是广告获客成本由市场中用户生命周期价值最高和资本杠杆最大的一批公司说了算。如果你的用户生命周期价值无法覆盖广告成本，这条路就走不通。这时候，要么尝试不同的广告渠道和广告素材来降低广告获客成本，要么优化留存和变现提升用户生命周期价值。

捆绑

入职腾讯后，我的导师 Punk（腾讯首位产品经理韩宇宙）给我上的第一堂课是："到了咱们这个公司，关键的关键是怎么利用平台拉动。"Punk 说的拉动就是捆绑，捆绑就是在大产品的非广告位置曝光自己的产品以获取用户。比如你买了新手机，开机就看到它自家的应用商店，打开微信支付可以看到滴滴出行、京东购物、美团外卖、拼多多，再比如电影院售票处卖爆米花，这些都是捆绑。

捆绑常见于大产品和家族产品、战略伙伴产品之间（这时候也叫搭售），不过，和大产品没有血缘关系的产品也能实现捆绑，比如汽车之家借助百度搜索（搜索引擎优化，SEO）、《神庙逃亡》借助 App Store（App Store 优化，ASO）、YY 借助《魔兽世界》、狼人杀借助《饭局的诱惑》、自走棋借助 Dota 2、拼好货借助微信，等等。坨厂能存活 9 年，也是因为糗事百科免费入选过 hao123 的推荐（见表 4-2），打下了吃老本的基础。

表 4-2　2012 年 12 月糗事百科网站流量来源构成（不包括手机访客）

流量来源	访问次数占比
hao123	48.93%
直接访问	13.43%
hao360	13.19%
百度搜索	8.05%
搜狗网址导航	4.58%

寻找捆绑对象和捆绑方式的重要性，并不低于确定目标用户和用户需求。如果没有微信把关系链和支付覆盖到下沉市场和中老年人群，拼好货就无法诞生。能找到低成本的捆绑方式，产品就已经成功了一大半。

捆绑可能会实现低获客成本和高投资回报率，但捆绑的过程并不一定是免费的。2016 年，爱尚鲜花挂牌新三板，成为了国内鲜花第一股。在《上海爱尚鲜花股份有限公司公开转让说明书》中，有一段内容给大家科普了"刷单"：刷单是为了能和电商平台的销量榜捆绑在一起（见图 4-8）。2015 年 1 月至 7 月，爱尚鲜花的刷单费用为 73.9 万元，刷出 16.3 万单，折合每单成本 4.5 元，刷单笔数占总销售笔数的 42%。愿意公开分享刷单流程和刷单数据的公司相当罕见，爱尚鲜花一时获得了"业界良心"的称号。不过，2019 年 1 月 1 日，《中华人民共和国电子商务法》正式实施，它明确规定："电子商务经营者不得以虚构交易、编造用户评价等方式进行虚假或者引人误解的商业宣传，欺骗、误导消费者。"也就是说，自此之后，刷单属于违法行为。

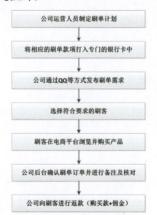

图 4-8　爱尚鲜花解释刷单

从 MTK 手机时代开始,手机预装就是掌阅的重要获客渠道。手机厂商有给用户提供更多内容的需求,也有变现的需求,手机桌面上的图标本质上都是广告位。有一次我去拜访掌阅创始人成湘均,他说正在开发一个 MTK 上的浏览器,MTK 自带的浏览器体积太大,开发一个精简版可以节省出来不少空间,就可以预装更多应用。我问这对掌阅有什么好处呢?他说手机厂商没有软件开发能力,我们帮他们做,搞好关系,避免预装名额有限把我们挤掉。当获客资源稀缺的时候,关系就变得重要了。

> ❓ 思考题
>
> 共享单车的获客杠杆是什么?谷歌为什么要做浏览器和 Android 系统?

除了通过大产品这个杠杆来获客，还有一个获客杠杆是"人"。人类本身就是网络，通过人类网络获客主要有两种方式：付费拉新和口碑。

付费拉新

付费拉新指直接付费给产品现有用户，请他们帮忙拓展新用户。比如趣头条用户邀请 1 名好友可以赚 9 元，邀请 30 天未登录的老用户可得 3~6 元，如图 4-9 所示。如果付费拉新的投资回报率高于广告渠道，加大这个获客杠杆的投入就能提升产品整体的投资回报率。相对于广告获客，付费拉新获客提升用户留存的手段更多。趣头条在提现过程中加了很多限制条件，现有用户为了拿到红包会要求他拉进来的新用户活跃 10 天，每天阅读 3 篇资讯，9 元钱买到的其实是持续活跃 10 天的用户，在此期间这些用户很可能养成了阅读资讯的习惯，能够长期留存。

图 4-9　趣头条的付费拉新

口碑

口碑的作用就是让产品的用户主动推荐身边的人使用该产品。根据我在腾讯做过的调研，用户了解到新的互联网产品的第一渠道是看到身边的人在用，第二渠道是广告，第三渠道是朋友告诉自己。和口头告诉相比，真实可见的使用行为是更重要的口碑。《引爆流行》中的"个别人物法则"（The Law of The Few）指出，内行、联系员、推销员这三类关键传播者制造并传播了口碑，最终引爆流行。

内行能简单明了地指出一个产品好在哪里，为什么我们应该使用它。评测机构显然是内行，比如消费者报告、DXOMARK、RTINGS、爱否评测、38号车评中心，我们身边也会有不少内行。联系员有广泛的人脉，他们能把内行的评测结果广泛传播开来。《人类网络》里有一张按特征向量给每个人打分的图（见图4-10），正好可以量化解释联系员这个概念，图中得分最高的迈尔斯无疑是最佳联系员。推销员的说服力很强，反复鼓动用户"买它买它买它"，引导用户完成从了解到使用的转化。

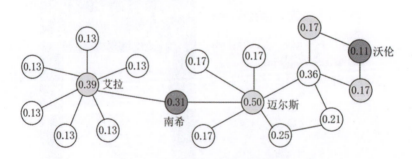

图 4-10　每个人的特征向量中心度

产品团队可以自己来当内行把产品的卖点讲清楚，直接对接联系员和推销员，让口碑传播更容易。乔布斯在 WWDC 2010 上发布了 iPhone 4，一大卖点是高像素密度的屏幕（每英寸326像素），乔布斯给它起名为"视网膜屏幕"（见图4-11），以显示其精细度超过了人眼视网膜的分辨能力。这个说法通俗易懂，让人印象深刻。其实早在2006年，夏普的904SH手机就配备了比 iPhone 4 精细度更高的显示屏（每英寸 333 像素），但是夏普没有想到一个好名字把这块屏幕的优点给消费者讲清楚，明明领先了 4 年却"明珠暗投"。

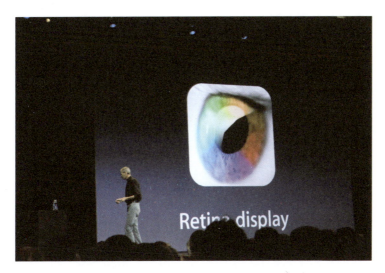

图 4-11　iPhone 4 的"视网膜屏幕"

思考题

为什么很多淘宝店用红包引导用户写好评，还特别要求配上 3 张商品图片？

产品发布会和新闻媒体则可以充当联系员，让产品的卖点快速实现家喻户晓。直播带货则是一步到位，主播一个人就把内行、联系员、推销员的活儿全干了。

怎样才能调动推销员呢？拼好货是个好例子。我最早接触团购是买房之后，业主们都有装修的需求，就有人在业主群里发起团购：大家一起去买瓷砖、厨具吧，团购价已经谈好了。入住之后大家的购物需求就没那么集中了，但时不时会团购水果，因为吃水果这个需求相对普遍，参团购买的人挺多。能发起团购，能说服大家参与团购的人，无疑是推销员。拼好货抓住了这个关键人群，把团购缩小成更容易成团的 3 到 5 人，充分利用口碑的力量，实现了火箭式的增长。

趣头条和拼好货是把获客当产品来做的，拼多多也是如此。为了扩展自己的用户群，改善自己的口碑，2019 年拼多多推出了"百亿补贴"活动，主推苹果、戴森、SK-II 等高端品牌，有了这些低价"硬通货"之后，拼多多就可以通过意见领袖和铺天盖地的广告来触达消费能力更强的用户了。"百亿补贴"推出 6 个月后，该入口的日活跃用户突破 1 亿，拼多多的绰号也从"并夕夕"变成了"拼爹爹"。如果没有"百亿补贴"，以拼多多原有的商品定位，怎么让意见领袖们发软文，我反正想不到。

所以，获客并不是交给营销人员就万事大吉了。营销人员为了完成自己的 KPI（Key Performance Indicator，关键绩效指标），可能，注意我说的是可能，会用一些与产品无关的广告素材诱导用户点击和下载，用户打开产品一看，货不对板，怒而删除，留存率惨不忍睹。老板问：留存率怎么这么低？营销人员立马甩锅给产品经理：产品留存不行，留不住用户。如果把获客交给了广告投放代理公司，他们也是以 KPI 为目标的，没有动力尝试风险更高的广告素材，因此获客效率会稳定在一个保守区间内。

而且，营销人员和广告投放代理可能都不会以创造口碑亮点为目的来改造产品，而产品经理有机会做到这一点。产品经理可以设计获客产品来实现大规模获客和低成本获客，随着广告获客的价格水涨船高，产品化的获客方式正变得越来越普遍。

> **思考题**
>
> 为什么任天堂 Switch 的算力会比早它 3 年发布的 PS4 低一大截？

留存杠杆

估计大家都做过一道很不环保的数学题：已知某水池的进水管把水池灌满需要多少分钟，出水管把水池排空需要多少分钟，请问，如果同时打开两个水管，多少分钟后能把水池灌满？产品经理其实每天都要面对这个问题，获客杠杆就是进水管，效率越高每天获得的新用户就越多；留存杠杆就是排水管，效率越高每天流失的用户就越少。把两者导入电子表格一运算，就能预测日活跃用户的走势。如果有一个日活跃用户规模的目标，导入电子表格也能计算出日新增和留存率的目标。

从公开数据可以了解到一些产品的留存数据。2020 年 3 月抖音的新增用户是七猫小说的 2.8 倍，但经过活跃和留存两个环节后，抖音 3 日依然活跃的用户数是七猫小说的 7.3 倍（如表 4-3 所示），这就是留存的可怕之处。和抖音相比，七猫小说的用户活跃率为什么这么低，卸载率为什么这么高，问题出在获客上还是留存上，我们从外部很难得出确切的结论。但有一点可以肯定，产品概念不同，留存天然就存在区别，把这两个产品放在一起比较其实并不合适。

表 4-3　抖音与七猫小说用户数据对比

2020 年 3 月	月活跃用户（亿）	新安装用户规模（万）	新增用户活跃率	3 日留存率	卸载率
抖音	5.18	3762.9	57.2%	87.7%	7.2%
七猫小说	0.50	1349.7	27.1%	70.4%	23.7%

数据来源：QuestMobile《2020 中国移动互联网春季大报告》。

留存和产品概念强相关，产品的目标用户越广泛，活跃率和卸载率的数据就越好看。我们假设愿意看视频的人比愿意阅读文字的人多，抖音和七猫小说同时获取了同一批用户，那么抖音的用户活跃率就会高一些。当然，实际获客都是瞄准自己的目标用户精准获客，不同产品同时获取同一批用户的情况基本不存在。

满足用户的强需求，活跃率就会很高。用户下载铁路 12306 是为了购票，这是非常强的需求，下载成功后活跃率就有了保障。满足用户的高频需求，留存率就会越高，卸载率就会很低，十几秒钟的短视频可以在碎片时间看上几个，长篇小说没有充裕的时间很难静下心来读。根据《习惯的力量》中的"暗示—习惯动作—奖赏"模式，相比小说，用户更容易养成无聊就看短视频花更短时间获得奖励的习惯，习惯养成之后留存率就有了保障。

> **思考题**
>
> 网络文学是怎么发展出日更文化的？

获客决定活跃规模的下限，留存决定活跃规模的上限。用户如果用过产品一次后再也不用第二次，则留存为 0。但只要每天能新增 1 万个用户，这个产品就可以保持每天 1 万用户的活跃规模，这就是下限。关于"留存决定上限"的解释可以看图 4-12。每周获取 100 个新用户，新用户的次周留存率都是 50%。从第二周开始，左侧的产品每周留存率相比前一周的留存率降低 3%（第二周 47%，第三周 44%，以此类推），右侧的产品每周留存率相比前一周的留存率降低 1%（第二周 49%，第三周 48%，以此类推）。左侧产品的周活跃上限是 542，右侧产品的周活跃上限是 1375，是左侧产品的 2.5 倍。

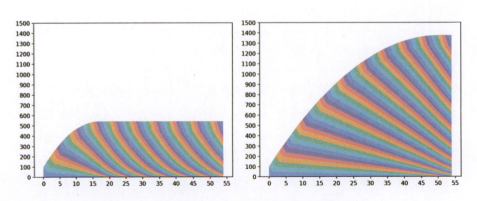

图 4-12　相同新增条件下留存对活跃用户规模的影响

如果一个产品用户可用可不用,那很可能就不会用,毕竟对于用户来说学习新东西也是成本。如果一个产品用户一周也用不到一次,等他有需要的时候,可能已经想不起来自己以前是用哪个产品解决问题的了。数码博主钟文泽分享过一个 Kindle 吃灰的故事,他想趁京东 618 打折的时候买个 Kindle,下单前一秒忽然觉得自己好像有一个 Kindle,翻箱倒柜一通找,还真找出来一个,就是刚刚打算买的那一款。

同样是电纸书,大屏版就成了泡面盖,加上电话功能的小屏版就不用担心灰尘和蒸汽(见图 4-13)。同样是即时通信,微信就把自己做成了一种生活方式。同样是讲段子,做单口专场需要准备几个月甚至一年以上,做新闻吐槽则每天都有新内容。如果经过分析觉得产品概念解决的用户需求不够强、不够高频,可以想想能不能"傍上"更强、更高频的需求。

图 4-13　小屏版电纸书——海信阅读手机

思考题

为什么电纸书或相机加上电话功能后都叫作手机呢?

讲完吃灰的故事我们再讲讲微信。同样是即时通信软件,为什么微信的活跃规模后来居上超过了QQ？简单来说，就是微信比QQ更能满足用户的强需求和高频需求。前面分析过了，从网络效应来说，网络的节点数量越多，连接数越多，每个用户能获得的网络价值就越大，使用该网络的机会也就越多，与之对应的需求就越强、越高频。

首先看看微信是怎样增加节点数量的。微信先于QQ提供了语音对讲功能，把一些不太会打字的中老年人纳入了微信网络中；除了人，微信通过公众号、视频号、小游戏把内容作为节点加入了网络；通过二维码、服务号、小程序把商业机构作为节点加入了网络。每个人都可能创作内容，都可能创建自己的小商业，每个人都是多面的，每一面都可以成为一个新的节点。微信的策略突破了QQ只有以人为节点的节点数量的上限，实现了更大的网络价值。

再看看连接数和连接强度。除了导入QQ关系链和通讯录，微信还提供了附近的人、漂流瓶等陌生交友服务。当两个陌生人变成好友，连接数就增加了。为了更好地连接人和商业，微信通过红包、钱包等一系列服务，实现了节点间的支付能力，连接强度发生了质变。对比一下QQ，你上次用QQ支付是什么时候？

虽然QQ是非常成功的产品，但是在提升网络价值和提高使用频率的战略方向上，它已经停滞太久了。万幸的是，颠覆QQ的产品是腾讯自家的产品。

如果一个产品像微信一样，在其发展过程中给用户提供的价值是不断变化的，那么不同发展阶段所对应的留存也是不同的。最典型的是新产品还没有足够多网络节点的阶段，此时用户使用产品得不到太多价值，比如找不到人聊天、看不到其他人发布的内容、匹配不到人对战，留存当然上不去，跨越该阶段的过程叫作冷启动。

冷启动的周期通常不太长（太长的话团队也撑不住），过程却很艰辛。Pony回忆QQ冷启动的时候说："用户上来了，最开始没人聊天，我自己要陪聊，有时候还要换个头像，假扮女孩子，得显得社区很热闹嘛。"如果对种子用户的要求不是那么精准，加大获客力度，把日活跃用户数硬拉起来，也是一种冷启动方式。图 4-14 展示了坨厂某产品的留存数据，每周的获客数量从 1 万硬拉到 5 万后，四周留存率直接就翻倍了（从 5% 到 10%）。

每周留存率	0	1	2	3	4	5	6	7	8	9	10	11	12	13	14	15
权重平均值 46 万位用户	100%	22.4%	12.6%	9.51%	8.55%	7.62%	5.16%	4.26%	3.54%	3.09%	2.61%	2.42%	2.30%	3.18%	3.68%	2.60%
1月10日 - 16日 1.0 万位用户	100%	17.5%	8.66%	6.64%	5.54%	6.86%	3.73%	3.55%	3.88%	3.50%	2.72%	2.62%	2.42%	3.14%	3.17%	2.60%
1月17日 - 23日 8,726.00位用户	100%	17.6%	7.86%	6.11%	5.64%	3.90%	3.44%	4.80%	3.00%	2.80%	2.33%	2.57%	2.40%	4.44%	4.27%	
1月24日 - 30日 8,847.00位用户	100%	13.0%	6.64%	5.47%	3.71%	2.66%	4.77%	2.36%	2.09%	1.93%	1.82%	1.83%	1.76%	1.99%		
1月31日 - 2月6日 1.1 万位用户	100%	17.1%	9.19%	5.39%	4.39%	6.55%	3.54%	2.81%	2.70%	2.63%	2.92%	2.62%	2.55%			
2月7日 - 13日 1.1 万位用户	100%	18.6%	8.04%	5.96%	7.02%	5.42%	3.62%	3.22%	2.75%	2.98%	2.55%	2.37%				
2月14日 - 20日 2.1 万位用户	100%	16.7%	8.34%	7.46%	6.50%	5.29%	3.79%	3.19%	3.38%	3.13%	2.86%					
2月21日 - 27日 2.2 万位用户	100%	17.5%	11.7%	8.05%	7.77%	6.28%	4.70%	4.37%	3.93%	3.73%						
2月28日 - 3月5日 2.9 万位用户	100%	23.9%	12.6%	9.41%	7.40%	8.31%	5.98%	5.07%	4.45%							
3月6日 - 12日 3.2 万位用户	100%	25.0%	13.8%	9.73%	7.77%	10.2%	6.30%	5.61%								
3月13日 - 19日 4.3 万位用户	100%	23.1%	13.1%	9.48%	10.6%	8.19%	6.23%									
3月20日 - 26日 3.5 万位用户	100%	25.9%	14.3%	12.6%	11.3%	9.66%										
3月27日 - 4月2日 5.0 万位用户	100%	23.5%	14.7%	11.0%	10.5%											
4月3日 - 9日 5.0 万位用户	100%	23.6%	13.0%	10.8%												

图 4-14　坨厂某产品大力出奇迹

如果产品面向的是双边场景或多边场景，比如有内容生产者有内容消费者，有出租车有乘客，冷启动就会更艰辛一些。从大原则上来说，应该想办法先搞定一边，比如招募一批内容创作者、意见领袖、出租车司机，让另一边获客后的留存可接受。2012 年 9 月滴滴打车上线的时候，通过事先到多家出租车公司上门推广，有 500 位司机安装了应用，但在线司机只有 16 位，为了避免司机进一步流失，滴滴打车雇了一个人，每天 400 块钱预算用滴滴打车打车。

从产品生命周期来看，需要冷启动来提升留存；从用户生命周期来看，可以通过新手引导提升留存。比如新用户进入产品后看到的教程，游戏玩家前期匹配人工智能对手，让玩家体验胜利的快感。但新手引导这个阶段过去之后用户能留存多久，还是要看产品概念所对应的用户需求。

从留存的角度，我们可以把产品分为两大类，一类留存用户，一类租用流量。留存差的产品本质上是在持续向大平台付费租用流量，但租用流量不等于产品存在问题，这是产品的客观属性。比如很多游戏产品，用户生命周期比较短，留存自然也不太高。只要变现杠杆大于获客杠杆，租用流量的产品一样有机会实现规模化盈利。所以筛选产品概念的时候不要只盯着能留存用户的产品，获客、留存、变现这 3 个杠杆能够有效协同就好。

变现杠杆

收费产品直接通过销售变现；免费产品和应用内购买产品要变现，通常是通过一个或多个内置的变现产品来实现的。如果我们把获客产品、留存产品、变现产品想象成 3 个齿轮（资本为这 3 个齿轮提供额外的动力或者把某个齿轮变大进而改变齿比），它们 3 个相互咬合得越紧密，产品的整体效率就越高；反之，效率就会越低。

比如通过广告联盟提供的广告代码来变现，在没有能力自售广告的时候是个不错的选择。具备自售能力之后，设计贴合自己留存产品的广告产品，是否变现效率更高呢？留存产品可以把用户画像给变现产品，变现产品还可以实现和留存产品长得一模一样的原生广告。谷歌前全球技术总监郄小虎曾经分享过一个数据，"谷歌首页的广告点击率高达 30%~40%"，这个点击率不光变现效率很高，其实已经可以算是留存产品了，同时，自己销售广告还节省了广告联盟会拿走的很大一笔分成，当然，前提是自己的流量足够大可以自行销售。

再比如想通过鲸鱼用户（钱包特别大的用户）的消费来变现，获客产品引入的用户规模很大，留存产品的数据也很好，不断推高活跃规模，可是留存产品所吸引来的用户消费能力不足，无法让产品盈利，这时候变现产品就是失灵的。如果变现假设不成立，整个产品可能就无法成立。

> **思考题**
>
> 你能举出一个获客和留存都不错，却因无法有效变现而失败的产品吗？

把获客和变现当成产品的好处是，我们可以用获取产品概念的方式找到获客杠杆和变现杠杆，"抄"和发现。上市公司财报是了解变现杠杆的一个好渠道，图 4-15 截取了中国最大广告平台阿里巴巴 2020 年第一季度财报中的收入明细。

Total Revenue Breakdown	Three months ended March 31, 2020		
	RMB MM	% of Revenue	YoY %
Core commerce:			
China commerce retail			
- Customer management	30,906	27%	3% ⎫ 1% YoY
- Commission	14,500	13%	(2%) ⎭
- Others[1]	25,499	22%	88%
	70,905	62%	21%
China commerce wholesale	2,787	3%	9%
International commerce retail	5,353	5%	8%
International commerce wholesale	2,458	2%	15%
Cainiao logistics services	4,951	4%	28%
Local consumer services	4,841	4%	(8%)
Others	2,570	2%	51%
Total core commerce	**93,865**	**82%**	**19%**
Cloud computing	12,217	11%	58%
Digital media and entertainment	5,944	5%	5%
Innovation initiatives and others	2,288	2%	90%
Total	**114,314**	**100%**	**22%**

图 4-15　阿里巴巴 2020 年第一季度收入明细

阿里巴巴的收入大头是中国电商（China commerce retail），占比 62%，其中没有广告这一项。但是在 2016 年，顾客管理（Customer management）这一项的名字叫在线营销服务（Online marketing services），其实它就是广告，在阿里巴巴的中国电商收入中占比 44%；佣金（Commission），即向商家收费，占比 20%；其他（Others）指的是盒马和天猫超市等直销业务的收入，这部分是直接赚顾客的钱，占比 36%。

广告需求的强劲加上互联网产品添加广告的改造成本比较低，导致广告可能是整个互联网最常见的变现方式。在科幻片展示的未来世界，广告更加无处不在，人走到哪里广告就追到哪里。前面讲广告的核心是匹配策略，匹配的基础是充分了解匹配对象，广告平台需要了解广告主的产品、广告素材、广告受众。其中产品和素材都好说，要深入了解广告受众，就需要了解用户的隐私。说出来你可能不信,很多广告平台甚至比你的家人更了解你。家人对你的观察容易被察觉,而广告平台对你的观察你并不知情;家人对你的观察时长有限,广告平台对你的观察24小时无死角;你的家人对你的观察不够系统,广告平台借由模型和数据观察你。

在各大产品绞尽脑汁监听麦克风、剪贴板的时候,苹果公司推出一系列保护隐私的策略,显得与众不同。特别是iOS 14,终于从量变积累到了质变,应用对摄像头、麦克风、剪贴板的调用全部可视化了(顶部的提示信息和小亮点,如图4-16所示)。对于用户来说,现在有了知情权和控制权。对于广告平台来说,能收集的用户隐私变少了,广告效果就会下降,广告收入可能就会减少。那么对于苹果来说,这件事情除了用户价值,有没有其他收益呢?美国"网络广告促进会"的首席执行官利·弗罗因德(Leigh Freund)推测,苹果的隐私保护策略将导致应用商店中靠广告变现的免费应用"大幅减少",选择收费或应用内购买变现模式的应用将会增多,进而苹果的分成收入(俗称"苹果税")会增加。

图4-16 麦克风小亮点和剪贴板调用提示

曾几何时，微博大 V 们都是直接接广告的，这部分收入与微博无关，微博为了收"微博税"，建起了自己的广告平台，指定大 V 通过该平台接广告，微博就实现了广告变现。为了避免"偷税漏税"，微博会仔细盯着每个大 V 发布的内容，如果大 V 绕过微博广告平台私自接广告，或者发布了疑似广告的商品推荐内容，微博就会对这些内容进行处理。苹果就没有微博这么果敢，虽然早在 2010 年就推出了自己的广告平台 iAd，但没有强制性，很快就没了水花，iOS 应用大多使用谷歌、Facebook 等第三方广告平台。保护用户隐私就算没有增加苹果税的收入，削弱竞争对手的收入"想必也是极好的"。

由于竞争的激烈，很多产品被免费化，"羊毛出在狗身上"的变现杠杆越来越常见。羊是公司的主营产品，毛是公司的利润，狗是捆绑在主营产品上的变现产品。以美团为例，外卖是它的主营业务，但它的利润主要来自到店、酒店及旅游。外卖是强需求和高频需求，毛利率低；到店、酒店及旅游（后面简称到店）是强需求和低频需求，毛利率高，这两个齿轮虽然咬合不太紧密，但导入足够多的用户也能产生非常可观的利润。

根据美团 2019 年财报（图 4-17 是收入明细截图），2018 年到店的毛利占总毛利的 93.3%，外卖的毛利占比为 34.9%（根据截图，2018 年，到店的毛利为 14 095 355 千元，外卖的毛利为 5 268 197 千元，新业务及其他亏损 4 258 594 千元，总毛利为 15 104 958 千元）；2019 年到店的毛利占总毛利的 61.1%，外卖的毛利占比为 31.7%。虽然到店的毛利占比在下降，但整个公司的毛利主要来源依然是到店。美团财报里还有一项数据很有意思，值得展开讲讲。2019 年美团到店的毛利相比 2018 年增长了 40.1%，这是非常了不起的增速，更惊人的是餐饮外卖的毛利增长了 94.2%，美团是怎么做到的呢？

看收入（和阿里巴巴一样是广告和佣金）的话，餐饮外卖增长了 43.8%，到店、酒店及旅游增长了 40.6%，两者差不多。秘密就在第三行毛利率，外卖的毛利率从 2018 年的 13.8% 提升到了 2019 年的 18.7%，别小看这 4.9%，外卖 548 亿的收入乘以 4.9% 就多出来 27 亿的毛利。

	未經審核					
	截至下列日期止年度					
	2019年12月31日			2018年12月31日		
	餐飲外賣	到店、酒店及旅遊	新業務及其他	餐飲外賣	到店、酒店及旅遊	新業務及其他
			(人民幣千元,百分比除外)			
收入	54,843,205	22,275,472	20,409,854	38,143,083	15,840,361	11,243,834
毛利/(損)	10,233,188	19,746,355	2,340,845	5,268,197	14,095,355	(4,258,594)
毛利率	18.7%	88.6%	11.5%	13.8%	89.0%	(37.9%)

图 4-17　美团 2019 年年度收入明细

外卖要提升毛利率有两大手段,一是提高运营效率,让每个骑手单次能够送更多外卖,比如用人工智能更好地规划配送调度以及提升效率,用机器人代替一部分人力也能提高效率;二是想办法让餐饮企业在每个订单上花更多钱。如果主要依靠第二种手段(第一种手段可能和竞争对手拉不开太大差距),提高外卖的变现效率(毛利率)就是把双刃剑,好处是美团的利润增加,增强了自身的资本杠杆;坏处是如果竞争对手对餐饮企业更温和,美团的主营业务就会面临竞争力减弱的风险。

"照抄"成熟的变现杠杆可以快速变现,发现用户需求创新出来的变现杠杆则有机会把盈利能力普通的产品变成超级现金牛。接下来我们聊一个游戏变现的案例,《堡垒之夜》的战斗通行证(Battle Pass),如图 4-18 所示。

图 4-18　《堡垒之夜》的战斗通行证

业界称战斗通行证是游戏行业继买断制和付费赢（Pay-to-Win）之后的第三次变现革命，从《堡垒之夜》团队内部的视角来看，这场革命并不是凭空出现的，而是用正确的方式重新组装了 Dota 2 的战斗通行证。

2013 年，Dota 2 发明了一个变现模式叫"小绿本"，购买它即可在线观看 2013 年的 Dota 2 国际邀请赛，看比赛的时候还有机会获得一些游戏内的装饰品。小绿本带来的收入一部分进入了国际邀请赛的奖金池，另一部分是 Dota 2 的收入。2016 年，小绿本正式更名为战斗通行证。当我们把 Dota 2 和战斗通行证看成两个齿轮，就会发现它们并没有紧密咬合。对于游戏玩家来说战斗通行证可买可不买，和日常游戏体验关系不大。

前面讲过，想要创造财富就要规模化，《堡垒之夜》重新组装战斗通行证的第一步是改造游戏：整个游戏采取赛季制。既然战斗通行证是对应比赛的变现杠杆，让所有人默认都参加比赛不就规模化了嘛，这个改造使留存和变现这两个齿轮咬合在了一起。每个玩家都可以通过付费购买战斗通行证提升游戏体验（装饰类的体验，不影响平衡性，不是付费赢），玩家购买战斗通行证后需要更好地完成游戏任务来解锁更多道具，理论上付费玩家的留存和活跃会比免费玩家更好。

一些付费赢游戏有月卡，看起来和战斗通行证有点像，但月卡只是一种优惠的充值方式，和游戏进程完全无关。玩家购买月卡后，在月卡有效期内每天打开游戏可以领取一些游戏币，领完之后该躺尸躺尸，并不能直接提升战斗的活跃度。

重新组装战斗通行证的第二步是获客。没错，变现产品也需要有自己的获客杠杆。赛季开始后，《堡垒之夜》为每个玩家赠送了一张免费的战斗通行证（图 4-18 中银色徽章的这一行）。随着玩家游戏进程的推进，免费战斗通行证可以逐步解锁一些道具。当玩家领取免费奖励的时候，就会看到付费战斗通行证的奖励（图 4-18 中金色徽章这一行），只要购买付费战斗通行证，就可以得到这些奖励。这些可见的奖励引发了玩家的错失恐惧症（FOMO），

"这些奖励本来是我可以得到的,大家都买了,我不买不就亏死了",进而刺激了购买。

免费体验作为一种变现产品的获客方式其实比较常见,比如你参与麦当劳的线上游戏赢得一张免费的汉堡兑换券,到了麦当劳之后服务人员说再加15元可以把汉堡升级成套餐,更划算哦。你本来是去薅羊毛的,结果被薅走了15元,麦当劳在这一单上虽然毛利率低了些,甚至微亏,但它实现了获客或流失用户召回。

重新组装战斗通行证的第三步是性价比。如果玩家想在付费赢游戏里拿到一个道具,通过"氪金"开宝箱的方式获取是要砸很多钱的;而《堡垒之夜》的战斗通行证明码标价,有机会得到哪些道具都清清楚楚摆在那里,不到10美元就能开通战斗通行证并靠自己的战斗表现赢取这些道具。玩家能一路过关斩将的话,还能把下一赛季的战斗通行证购买费用赚出来,这种"良心"性价比让玩家趋之若鹜。2018年6月,LendEDU公司针对《堡垒之夜》玩家设计了一个调查问卷,收集到了1000份答卷。统计之后发现:68.8%的玩家曾经付费,付费玩家中36.8%是第一次为游戏付费,对于游戏产品来说,这个付费渗透率简直高出天际。

比较《堡垒之夜》的战斗通行证和Dota 2的战斗通行证,就像比较iPhone和iGesture Pad,它们有相同点,但并不是一样的产品。2017年底,《堡垒之夜》的战斗通行证发布,2018年《堡垒之夜》全年收入25亿美元。当变现杠杆足够强大后,它其实也就具备了获客杠杆的属性,广告投放的投资回报率为正那就海量投呗。看到这个吸金能力后,无数游戏紧随《堡垒之夜》的脚步,发布了自己的战斗通行证。

变现杠杆通常会巧妙地利用用户的心理,比如付费赢利用了胜负心,战斗通行证利用了错失恐惧症和贪便宜的心理,小额首充礼包利用了用户不想损失沉默成本的心理。有时候,变现杠杆还会利用人类更原始的本能。世界卫生组织建议成年人每天游离糖摄入量不超过50克,最好控制在25克以下,而一罐 330 毫升的可口可乐就含有 35 克糖。糖会使人对可乐成瘾。据报道,恰帕斯州是墨西哥最穷的州,当地没有充足的清洁饮用水,却恰好有一家可口可乐工厂提供跟水价格差不多的可乐。于是,恰帕斯人成了世界上每天喝可乐最多的人,平均每人每天喝 2200 毫升,是全球平均水平的 33 倍。当地的一些村民说,糖尿病原本不是这里的常见病,直到村里修好了路——可以方便地买到可口可乐。

因为变现和留存的咬合关系,如果变现用力过猛,留存不可避免地会受影响。本书能够顺利更新,就得益于《率土之滨》游戏的变现更新。我看不到《率土之滨》的留存变化曲线,但它宝物系统的变现力度让我作为个体用户离开了游戏,有了充足的时间思考和写作。本人在此对《率土之滨》的制作人和宝物系统的游戏策划表示衷心感谢,谢谢你们拯救了一个网瘾中年。

变现的确存在一定程度上"操控"用户心智或者影响留存的问题,所以有一定比例的产品经理抗拒变现,甚至觉得任何形式的变现都是留存的对立面。如果说有目的地利用人类大脑机制影响其决策是会变现和不会变现的分水岭,其实这同样是会获客和不会获客、会留存和不会留存的分水岭,区别只是获客和留存想要的是更多用户的关注和使用时间,变现想要的是更多的收入。如果排斥变现,是没办法做好正现金流小跑产品的,因为变现就是这类产品的生命线,而产品概念可能是从变现开始,外推到留存,再外推到获客的。

比如我们要做直播带货,卖什么货、毛利率是多少、销量是多少这些问题决定了变现效率。假设我们选定了卖女装,接下来就要针对我们的选品选择主播:男性主播卖女装转化率通常不太靠谱,还是选个女性主播成功率比较高。再接下来,要为主播拍摄短视频,积攒粉丝。拍什么内容呢?热舞?能涨粉,但是这些粉丝不一定愿意买衣服。既然变现是卖女装,除了拍摄试穿、街拍这些常见的视频,拍摄女装设计、生产、进货、入库等与销售直接相关的视频是不是也很容易把看视频的用户转化为购买用户？从数据的角度来看，变现和留存也是统一大于对立。付费用户通常是留存率最高的用户，比如在直播间里买衣服的用户会比随便看看的用户更容易变成粉丝，后续继续观看直播的概率也更大。

> **思考题**
>
> 如果李佳琦从男装带货起步而不是从口红带货起步，他的涨粉速度会有什么不同吗？

4.5 等一部产品之梯

确定产品概念的过程就像等电梯。

有些电梯也许有生之年都等不到，有些电梯开门后你看到里面很拥挤。在助理级产品经理眼里，到处都是电梯；在总监级产品经理眼里，没有电梯；在老板级产品经理眼里，一部电梯就要来了。本书写作时间是 2020 年，移动互联网的红利已经接近尾声，电梯越来越少，错过电梯的人越来越多。只要电梯门一响，就会有一大群人扭打得头破血流要挤进去，根本不管电梯到底是上行还是下行。

坨厂也有过这样的经历，2017 年急匆匆上马狼人杀和抓娃娃两个产品，等冷静下来一复盘，发现它们都不是广泛的用户需求。用他人的行为来代替自己的思考，在筛选概念的时候就已经走错了路。对于一个广泛的需求，为什么有些公司能杀出重围，它的竞争对手都逐渐死掉了？原因在于成功的公司在获客、留存、变现、资本这 4 个杠杆上没有短板，整体效率比所有竞争对手都要高。其实本书能做的，仅仅是一些事后总结而已。你阅读的过程可能很爽，但这和实际工作中找到（发明）恰当的解决方案是两码事。如果你感觉这本书对你有帮助，那是因为你本来就很强，能在混沌中创造秩序。

不知道你发现了没有，选择公司和选择岗位的过程也像等电梯。

第 5 章
验证产品概念

确定产品概念是提出一系列假设的过程，验证产品概念是逐一检验这些假设的过程，包括对获客相关的假设、留存相关的假设、变现相关的假设，等等。产品概念是否切实可行，取决于支撑产品概念的这些假设是否成立，我们需要通过一个又一个的项目来得出验证结果。

5.1 步入项目循环

什么是项目？项目是为完成某一独特的产品或服务所做的临时性努力。这个定义里有两个关键词，首先是"独特"，意思是每个项目的结果都是不重复的，如果重复产出某种产品或服务，那叫流水线；然后是"临时性"，我们当然不希望项目无休止地进行下去，最好能有明确的开始日期和结束日期。在互联网行业，每个产品版本通常对应一个项目，项目的独特性体现为每个版本的产品需求都不一样，项目的临时性体现为产品团队要在预定的时间范围内完成这个版本的设计、开发、测试和运营。当然，一个营销或运营活动也可以对应一个项目。

什么是项目管理？项目管理是在一定的约束条件下实现或超越项目目标的过程。一定的约束条件通常是指限定的资源，包括人力、资金、时间等；项目目标就是产品版本的目标，比如验证获客假设 X、验证留存假设 Y、验证变现假设 Z。基于项目管理的定义，我们可以排除一些不切实际的预期。首先，项目管理并不能拯救不靠谱的产品概念和不靠谱的假设，项目管理所管理的是实现项目目标的过程，并不具体参与项目目标的制定。举个极端的例子，产品经理说要开发一坨垃圾，项目经理会确保大家准时制作出来这坨垃圾，不会超时，也不会制作出来一朵与项目目标不符的鲜花。其次，项目管理不能攻克技术难题或运营难题，项目管理可以在评估项目风险的时候给出项目可能无法完成的预警，但项目经理不是超人，没办法代替项目成员去完成他们无法完成的工作。

项目管理的必要性

项目是客观存在的，即便没有项目管理，"为完成某一独特的产品或服务所做的临时性努力"也是存在的，就像没有压力管理，压力也是存在的。如果没有项目管理，我们无法回答一些很重要的问题，比如：完成这个项目需要多少人、多少资金、多少时间？或者，以产品团队现有的人力，完成这个项目需要多少时间？

人类从原始社会就开始分工协作，男性外出狩猎，女性采集果实茎叶。到了马克思写《资本论》的时候，分工已经细化到"制针手工工场的针条要经过72个甚至92个专门的局部工人之手"。产品团队中有产品经理、交互设计师、视觉设计师、后端工程师、前端工程师、测试工程师、运营经理等岗位，从实际工作来看，产品团队并不是工业流水线，不是上游环节做完交给下游就不用管了。产品团队中的岗位之间存在复杂的网状关系，而且经常需要反复沟通。比如视觉设计师把设计稿拿给产品经理确认，中间可能要修改几个来回，得到一个"发誓再也不会改了"的版本后交给前端开发工程师和测试人员。前端开发工程师在开发过程中发现有些设计不太合理，找产品经理和设计师商量修改，得到"这次真的再也不改了"的版本。开发实现后，产品经理、视觉设计师和测试人员又要确认产品和设计稿有无区别。如果不能在这个复杂的网状结构里梳理出一个清晰的协作模式，产品团队中就没有人能回答"完成这个项目需要多少时间"，更不要说确保项目能够按时完成了。

那么，这个网状结构中的连接数和团队规模是什么关系呢？答案是$f(x)=C(x,2)$，如图 5-1 所示。

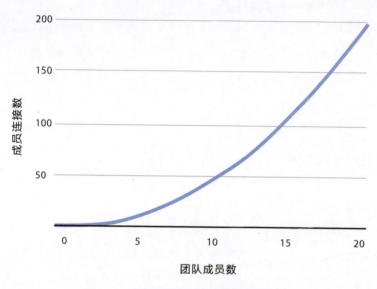

图 5-1　团队成员数和成员连接数的关系

10 人团队中的连接数是 45，20 人团队中的连接数是 190。团队的协作效率取决于所有连接的连通率和带宽。随着团队成员增多，出现连不通（水火不容）和低带宽（鸡同鸭讲）的可能性就越大，团队的协作效率就越难保障（团队中个体的感受可能是参与感降低），所以敏捷开发通常建议一个团队不要超过 9 个人。

> ❓ **思考题**
>
> 为什么一些互联网公司宁愿付高薪让员工 996，也不愿意通过扩招分摊工作量？

可是很多产品团队并不是只有几个人，而是有几十人、几百人，他们的连接数不就"爆炸"了？通常的解决方案是保持每个最小单位的团队只有几个人，比如一个团队 9 个人，一共有 9 个团队，每个团队选出 1 人进入第 2 层级，正好又组成了一个 9 人团队，这样整个团队的规模为 81 人。人还不够的话，可以从外部选人后再加 1 个层级，整个团队变成 9^3=729 人。注意，每增加 1 个层级，就会面临全新的管理挑战，所以即便资本杠杆允许，也不是每个产品团队都能顺利实现 3 层团队结构和 4 层团队结构。

❓ 思考题

服务 14 亿用户和服务 3 亿用户的难度一样吗？

▶ 大团队的协作现状

我自己已经很久没有在大厂工作了，为了搞清楚大团队和小团队在协作中的区别，我采访了一些大厂的朋友，他们提到一个很有意思的词——"即兴演讲能力"——通过这个词，我们大概可以做到一叶知秋。虽然一个最小单位的团队人数不多，但一个大产品会有很多这样的团队，而且会有多个层级的领导，产品经理这样的岗位不可能只在自己所属的小团队内部进行沟通，而是要跟大量相关人员沟通，在大团队中工作需要维护的人际连接是小团队的数倍。每一条连接都有信息流动，维护这么多连接，不光自己的时间不够用，其他人的时间也很紧张，这就要求产品经理在更短的时间内完成每一次的信息交换，把握住一切可以交换信息的场景，随时随地来上一场"即兴演讲"。与独自思考的效率相比，人类在相互沟通时的效率很低，当沟通占用了一天中越来越多的时间，可以用来做其他事情的时间自然就变少了——要么是独自工作的时间变少，要么是照顾家庭的时间变少，要么是休闲娱乐的时间变少，要么是睡觉的时间变少。

如果我的产品团队只有一个人，产品是我，开发是我，测试也是我，我还需要项目管理吗？也是需要的，即便一人成团，也要回答"完成这个项目需要多少时间、多少资金"，回答这个问题就需要在项目启动的时候做好评估，提前规划好每天做什么工作，这就是项目管理的工作之一。即便没有协作的瓶颈，也要管理好每天的时间才能确保项目按时完成，这也是项目管理的工作之一。

为什么"验证产品概念"不直接验证支撑产品概念的假设，而是先用了这么多篇幅讲项目和项目管理？我见过许多没有代码仓库就不写代码的程序员，也见过许多没有人做会议纪要就不开会的管理者，这些都是有助于提升效率的好习惯。当我们有了一个产品概念和一个产品团队，我们当然希望产品团队能火力全开地验证产品概念，而不是三天打鱼两天晒网不知道什么时候才能做完第一个项目，所以，没有项目管理就不做项目也是一个好习惯。

项目周期的刚性

团队相对个人是一种杠杆，如果团队的效率没有超过甚至不及个人（不要以为这很荒诞），就变成了无效杠杆或负杠杆。项目管理通过项目流程来尽量避免这种情况发生。为了"火力全开"地实现目标，项目流程是一个循环往复的过程，产品经理在第 1 周（循环的周期不一定以周为单位，这里只是一个示例）完成 0.1 版本的产品需求文档之后，第 2 周就会开始撰写 0.2 版本的产品需求文档，而不是等 0.1 版本发布、运营后在第 5 周才开始撰写 0.2 版本的产品需求文档，如表 5-1 所示。开发、测试、运营的工作安排和产品类似，大家都处于接近饱和的状态。

表 5-1　项目流程

	第 1 周	第 2 周	第 3 周	第 4 周	第 5 周	第 6 周
0.1 版本	产品设计	产品开发	测试发布	运营		
0.2 版本		产品设计	产品开发	测试发布	运营	
0.3 版本			产品设计	产品开发	测试发布	运营

我们可以设想一下，如果项目流程中的某个环节发生了延误，会发生什么？首先，会导致之后环节的人员空等，比如产品设计延误了两天提交设计方案，产品开发就要空等两天。其次，可能会导致项目延期，比如开发、测试、运营都顺延两天，项目就会延期两天，这就会导致后续的项目周期被压缩或者需要顺延。这些都是我们不愿意看到的情况，所以项目管理非常强调项目周期的刚性。项目经理就像坐在龙舟船头的鼓手，项目周期就像稳定的

鼓点节奏，产品团队的其他成员都是跟着鼓点划桨的桨手。没有这个鼓手，龙舟会变轻，但是不会变快。

刚性是一个相对的概念，不是说项目周期定下来就不能变，就像龙舟的鼓手可以改变鼓点节奏，项目的周期也是可以变的。比如产品早期的项目周期以天为单位，后面逐步过渡到以周为单位，还可能进一步过渡到以月为单位。项目周期要和产品的发展阶段相匹配——产品需要更快的迭代，项目周期就变短；产品需要一个版本实现更多需求，项目周期就变长，这是有计划的变化，变化中依然有相对的刚性。

为了保障项目周期的刚性，让团队保持稳定的节奏不开天窗，我们需要：合理的项目目标、准确的估时和可控的需求变更。

合理的项目目标是我们把项目管理的内容放在产品设计之前介绍的另一个原因：项目周期是预先制订好的，一个项目周期或者说一个版本可以实现多少产品需求是被这个周期所约束的，而不是先出产品需求再定项目周期，否则可能会导致每个项目所需的时间差别很大，很多团队成员面临无所事事的空等。如果一个需求需要的实现时间很长，比如更换全新的产品架构，需要 5 个项目周期的时间，可以把它拆成 10 个项目来做，每个项目一半的时间做这个需求的 1/5，剩下一半的时间做其他需求。

产品经理没办法独自完成对产品需求所需的开发、测试、运营时间的估时，这需要每个岗位各自评估。为了避免一个项目周期内的工作不饱和，产品经理通常会在做每个版本的产品设计时多放进去一些需求，在估时阶段暂时砍掉部分需求。估时考验的是每个岗位对项目目标的认知，大家对项目想要达成的目标认识越到位，就越清楚需要用什么方法达成，估时就越准确，从而产品版本的发布就越准时，项目周期就越稳定。

以表 5-1 为例，0.1 版本在第 2 周进入了开发阶段，其间如果产品需求频繁变更，开发所需要的时间就容易延长，有可能会影响到 0.1 版本的测试时间、发布时间，而我们不希望项目周期的刚性被破坏。在开发团队估时的环节，开发工程师对产品需求的了解是非常充分的，考虑技术方案的时间也比较充裕；进入开发阶段后，开发工程师的主要工作变成了开发，通常没有充足的时间了解需求变更，给出的技术方案可能也考虑不周，这会带来项目质量不达标的风险。要做到需求变更可控，产品经理需要在正式提交产品需求文档之前尽量考虑周全，如果在提交之后遇到非变不可的情况最好能一次变更到位。

超越项目目标

当我们实现了"火力全开"后，就会冒出更贪婪的想法：能不能超越项目目标呢？比如加快版本迭代的节奏从而缩短项目周期，或者一个项目周期里实现更多的产品需求。在约束了版本周期、项目目标和资金这几个项目变量之后，剩下的变量就只有团队本身了。团队和项目管理的关系是基数和系数的关系，比如产品团队的生产力是 10，项目管理所产生的团队效率系数是 65%，团队的实际生产力就是 $10 \times 65\% = 6.5$。项目管理可以将团队效率系数从 $x\%$ 持续提升到 99%，但决定团队实际生产力天花板的还是团队生产力本身。

团队配置不合理是比较容易发现的问题。如果一个团队里有 4 个前端开发工程师、6 个测试工程师，只有 1 个后端开发工程师，后端开发很可能会成为团队生产力的瓶颈，前端开发和测试则可能存在人力浪费。当然，每个人的工作能力不同，有些技术牛人的确能够以一当千，如何配置合理需要在项目实践中摸索。

信息技术专家詹姆斯·马丁（James Martin）在 1991 年提出 SWAT 团队的概念，即 Specialists With Advanced Tools，"牛人牛工具"，如果团队内的每个成员都是各自领域内的专家，都有自我驱动力，工作中积极思考、及时提交、快速衔接，再配合上成熟高效的工具，团队生产力的基数必然爆表。可现实情况大多是"普通人烂工具"，比如同样是做推荐系统，牛人牛工具有推荐领域的专家，有研究生标注员给每个内容打上精确的标签，有验证成功的算法，有完备的数据平台，有高效的 A/B 测试平台；普通人烂工具一穷二白，还没有专职的项目经理提升团队的整体效率。

"天下武功，唯快不破"，行业认知会限定产品的高度，动作快慢则决定能不能抢占先机。有些大公司用牛人当前薪酬的 1.5 倍（打包价，包括工资、奖金、股票等）挖人，就是希望通过资本杠杆来快速试错，组建 SWAT 团队。挖过来的人如果工作表现符合预期，说明之前的公司低估了他的价值，入职后照常升职加薪。如果工作表现不及预期，接下来很长一段时间就不会给他调薪了，他不接受自然会主动离开，公司不用额外补偿；接受的话就继续工作，时间足够长了之后综合用人成本也就回归真实价值了。

团队发展五阶段

俗话说得好，三个臭皮匠顶个诸葛亮。普通人烂工具也不用灰心丧气，牛人凑在一起不一定能形成默契，普通人烂工具如果能有效协作，也能挖掘出超出自己想象的生产力。美国心理学家布鲁斯·塔克曼（Bruce Tuckman）提出了著名的团队发展阶段模型，指出团队发展分为四个阶段：形成期（forming）、风暴期（storming）、规范期（norming）和成熟期（performing）。后来塔克曼又添加了解散期（adjourning），使之成为**团队发展五阶段模型**。我根据自己对多个团队的观察，在塔克曼的团队发展五阶段模型内重新绘制了一条团队绩效曲线，如图 5-2 所示。

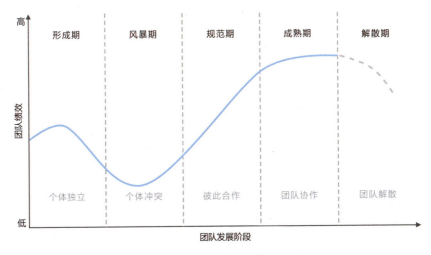

图 5-2　团队绩效曲线

下面我们简单来看一下这五个阶段。

形成期的典型问题是表面上一团和气，每个人都觉得管好自己就好，团队里没人愿意当"坏人"（"好人""坏人"其实是一种幼儿园思维），导致限制团队生产力的问题没人敢提也没人解决。这可能影响产品的迭代速度，丢失市场份额，最后大家都没了工作，却没有一片雪花觉得自己应该对雪崩负责。

进入**风暴期**后大家终于憋不住开始相互指责了，但问题是只有争吵和甩锅，没有责任划分和行为规范。产品经理觉得开发工程师不够主动，总是推卸责任，弱网可用（在网络连接不稳定、网速很慢的情况下产品依然能提供服务）的问题需要产品经理研究清楚写成产品需求文档才做，而产品经理对弱网的了解显然没有开发工程师多；版本发布后产品质量总是出现问题，需要连续发布多个修复版本，影响了更新节奏，但开发工程师却说是测试的问题。

如果开发工程师觉得产品经理提的需求不靠谱，实现后不会带来增长，就应该告诉产品经理，请产品经理讲清楚增长的逻辑，明确每个需求的增长目标；产品需求实现之后产品经理没有把线上数据同步出来，开发工程师感受不到自己工作的价值，这时候就应该要求产品经理做好数据同步；如果产品经理觉得弱网问题应该由更懂技术的开发工程师自己提出目标，作为技术需求加入版本，就需要和开发工程师协商彼此的职责界限。当大家达成共识，团队内建立起明确的规则，就进入了更高效的**规范期**。

当团队成员彼此坦诚、彼此信赖，整个团队越来越默契，团队就进入了**成熟期**。随着产品或项目的结束，团队会进入**解散期**，相濡以沫不如相忘于江湖。

团队生产力问题和产品增长问题是类似的，需要团队所有成员一起寻找瓶颈，突破瓶颈，调整团队构成，不断完善项目流程和沟通方式。这不是项目经理一个人的工作，如果团队成员只是被动"配合"项目经理的工作，团队生产力是提升不了多少的。

> **注意**
>
> 当产品团队中没有项目经理这个岗位时,项目管理的工作可能会落到产品经理肩上,但这不是一个好主意。不管项目成员有多专业,估时的时候被抠细节讨价还价,项目执行的时候被人盯进度,这类事情总会让人感觉不舒服(人性使然),会消耗彼此的关系,而产品经理开展工作又很依赖于关系,这就是无法调和的矛盾。此外,产品经理也不一定能做好自我管理,全职项目经理可以催着产品经理完成产品需求文档,管理好产品经理的需求变更,避免产品经理成为团队的效率瓶颈。同理,运营经理、增长经理、开发主管也不适合兼任项目经理。

5.2 假设

有一句半玩笑半认真的流行语不知道大家有没有听过,"这不科学",这里的"科学"代表着可行、严谨、高效等。我们怎么科学地做项目?是不是有了项目管理就科学了?怎么做才够科学这个问题在 400 年前就有答案了。弗朗西斯·培根在他的著作《新工具》中给出了自己的"科学研究方法",即强调明确研究目标,开展针对性的实验,归纳总结实验中得到的经验,检查和核对由经验得出的理论是否适用于更广的范围。后来逐渐发展形成了"假设—实验—评估"(hypothesis, experiment, evaluation)科学方法过程——首先明确假设,然后设计相应的实验进行验证,最后评估实验结果看假设是否得到了验证。

这难道不是常识吗?还真不是。很多项目实施过程中会出现类似"我喜欢蓝色所以改成蓝色"这样的需求,这并不是在验证用户喜欢什么,而是在满足个人喜好。项目发布后不评估项目效果,直接开始下一个项目的情况也很常见。所以,做产品也应该套用"假设—实验—评估"这套科学界认可的过程,让做产品变得更"科学"。为了保持目录的简洁和突显产品经理的工作内容,我们用"假设—实验—评估"循环来对应项目循环,其中假设对应项目中的假设管理和产品设计，实验对应项目中的开发、测试和运营，评估对应项目发布后的评估。

管理假设列表

我们在本章一开始就提过，确定产品概念是提出一系列假设的过程，这些假设会累积成一个假设列表，验证产品概念的过程是对照着假设列表检验这些假设的过程。从公司的平均寿命和获得 B 轮融资的比例来看，我们关于产品概念的假设有很大概率是不成立的。那么问题来了，你是希望用几周的时间加 1 万元资金来验证假设得到一个结果，还是希望用一年的时间加 100 万元资金来得到一个结果？

谷歌 X 实验室负责人阿斯特罗·泰勒（Astro Teller）经常分享下面的寓言故事。

> 设想一下，假设你需要教一只猴子站在台子上背诵莎士比亚的作品。你要如何在训练猴子和建台子之间分配时间和资金？

正确的答案当然是不要在建台子的问题上花费任何心思。但毫无疑问，至少有一部分人会急着上马开始搭建华丽的台子。为什么？因为你并不知道什么时候老板会突然现身，要求你汇报项目最新进展——你希望自己随时能够展示点儿什么，而不是只有一堆"教猴子说话真的很难"的理由。

这个故事道出了提高假设验证效率的一个重要原则，先把确定性高的假设踢出假设列表。故事里的需求包含两个假设，一是猴子站在台子上，二是猴子背诵莎士比亚的作品（比方说是《哈姆雷特》）。这个需求能不能被满足，取决于这两个假设能不能同时成立（逻辑与），也就是说只要有一个假设不成立，这件事就可以放弃了。我们在马戏团或者电视里见过猴子站在台子上，这是猴子可以做到的事情，这个假设的确定性很高；我们没见过猴子说话，更别说背《哈姆雷特》了，这可能是猴子做不到的事情，这个假设的不确定性很高。整个产品概念是否成立，主要取决于不确定性高的假设是否成立，所以在找到会说话的猴子之前，我们不应该在建台子的问题上花费任何心思。

在大刀阔斧地精简假设列表之后，我们还可以通过排序来继续提升验证效率。把验证时间短、成本低的高不确定性假设排在列表前面，把验证时间长、成本高的高不确定性假设排在后面。排序完成之后，如果前面一两个假设很快得出了不成立的结论，我们就可以得出产品概念无法成立的结论，那么假设列表里剩下的费时费钱的假设就可以烟消云散了。

还是以视障者公益交友平台为例，这个产品概念需要验证的假设是用户规模、获客和留存。其中，留存多多少少需要开发点儿东西出来才能验证，而开发就需要招人，这就是很大的成本（2020 年一线城市综合用人成本可以按人均每月 2 万元估算，解除劳动合同还要赔付一笔钱）；而获客则找到视障者集中的产品投放广告或者软文就可以验证了。

既然验证获客时间更短、成本更低，那就把它排在前面。自己动手制作一个无障碍交友平台介绍网页（这个网页要符合无障碍的规范），让访客留下性别、年龄、联系方式等信息，以便产品发布的时候收到通知；找到视障者社区，尝试用发帖和广告的形式推广这个网页，就可以得到广告千次展示价格、广告点击率、转化率（愿意留联系方式的比例）、种子用户数（留下联系方式的人数）、种子用户画像等关键信息，从这些信息就可以大体判断获客杠杆是否有效以及用户规模是否符合预期。

既然我们想把验证时间短、成本低的高不确定性假设排在前面，那么排序的过程也就是为每个假设设计验证方案、估算验证时间和验证成本的过程。如果能给验证时间长的假设设计出更短时间的验证方案，或者能给验证成本高的假设设计出更低成本的验证方案，它的排序就可以提前。互联网行业将这种耗时短、成本低的验证方案称为**最小可行产品**（Minimum Viable Product，MVP）。

最小可行产品

电影行业的最小可行产品非常成熟：想到一个故事后先找些人聊，看看大家是否感兴趣；能通过这一关就把故事写成剧本，看电影公司愿不愿意投资，剧本修改之后拿到了投资；进入故事板（storyboard）阶段（如图 5-3 所示），可以理解为把剧本画成了漫画，看看画面能否把故事讲好；然后是动态分镜（animatic），找配音演员配音，和故事板的画面合成在一起，变成有声音的幻灯片电影，可以让人更直接地感受电影效果；现在 3D 技术很成熟，一些电影多了一个预渲染（previsualization）阶段（如图 5-4 所示），用粗糙的 3D 动画替换故事板的画面，做成简版动画，画面更接近成片效果；这一关也没问题了，正式开机拍摄。

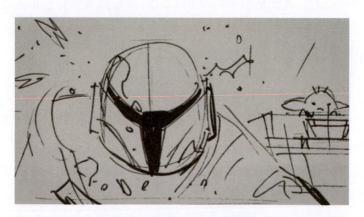

图 5-3 《曼达洛人》的故事板

图 5-4 《曼达洛人》的预渲染

这个过程验证了一系列假设：

- 故事是否有趣？
- 影像化之后的故事是否有趣？
- 加入配音后的影像是不是一部有趣的电影？
- 动态画面能否让故事更有趣？

光听最小可行产品这个名字，可能会想当然地认为要做出一个最小可行产品，其实它是"最小可行系列产品"。一系列最小可行产品按照综合成本（包括时间成本和资金成本）从低到高排列，其中每个最小可行产品都能用来验证最终成品。简单粗暴地把电影分成四幕依次拍完，就不是最小可行产品：一是每一幕的综合成本并不低（和剧本、故事板相比），把一部电影拆开来拍会增加对场地和人员的时间占用，总成本也会更高；二是看 1/4 部电影并不能了解整个故事，达不到验证假设的目的。图 5-5 展示了虚假的最小可行产品和有效的最小可行产品。

虚假的最小可行产品

有效的最小可行产品

图 5-5　虚假的最小可行产品和有效的最小可行产品

电影《冰雪奇缘》的预算是 1.5 亿美元，在最初的剧本里冰雪女王本来是反派，创作组在讨论中突发奇想，把她设定为主角安娜的姐姐。如果这个改动是在电影开拍后发生的，你能想象要花多少预算、多少时间来做修改吗？同样是工业化生产的游戏行业，300 人团队开发了 4 年的《塞尔达传说：旷野之息》在正式制作之前，先抽调小团队制作了一个 2D 版本来验证游戏玩法（如图 5-6 所示）。

图 5-6 《塞尔达传说：旷野之息》制作特辑

互联网行业之所以需要持续强调最小可行产品，核心问题在于它属于行业认知，没有多少公开的信息可以借鉴。我们能够了解电影行业的最小可行产品，是因为这个行业共享一系列标准的最小可行产品，不同的电影基本都经历类似的制作流程。然而即便我们知道电影有动态分镜，作为普通观众也看不到电影的动态分镜，也不知道动态分镜的测试标准是什么，达到什么效果后可以进入最小可行产品的下一阶段。同样，作为普通用户，我们也看不到某个产品的全系列最小可行产品，因为有些最小可行产品只在产品团队内部测试，有些最小可行产品只对一小部分用户进行灰度测试。

我们很难充分了解 Supercell 制作游戏时的最小可行产品系列包括多少个最小可行产品、各是什么样子、每个最小可行产品的评价标准是什么，我们也很难充分了解"App 工厂"字节跳动的最小可行产品细节。这是它们降低试错成本、提升竞争力的行业认知，没有理由对外分享。就算我们了解其他产品的最小可行产品的设计思路，当我们创造一个新的产品形态时，大概率还是要为它量身定制最小可行产品（任天堂新出的编程教学游戏《附带导航！一做就上手第一次的游戏程序设计》有 7 个游戏教程，每个游戏教程都有量身定制的最小可行系列产品），并不能直接照搬其他产品的思路。

基于上述原因，互联网产品经理中有很大一部分没有经历过工业化生产的洗礼，有些人能理解低成本验证的价值，有些人则觉得产品没做到自己满意的水平拿不出手。我们大都没有超能力去改变别人的想法，因此，大家在选择工作伙伴的时候需要注意一下这一点。

如果我们想验证的假设已经有人实现了，其实可以把它们看作免费的最小可行产品。比如，苹果就可以从"越狱市场"的应用中寻找成功案例，《堡垒之夜》研究 Dota 2 的战斗通行证就可以验证自己的不少假设。当然，我们的产品也很可能会变成巨头们的最小可行产品。但研究别人的产品不能完全代替自己的最小可行产品。《堡垒之夜》发布后的第一个赛季只验证游戏玩法和赛季制的可行性，第二个赛季才开始验证战斗通行证与变现杠杆。如果玩家对游戏玩法本身或赛季制不买账，自然就不必再做战斗通行证了。

避免过早优化

"验证产品概念"这六个字，从字面意义上理解似乎是验证最小可行产品，最小可行产品的确包括了大部分高不确定性的假设，但在产品的整个生命周期中，"假设—验证—赢得市场份额"是循环往复持续不断的。验证产品概念并不是一次性的工作，我们不能说在验证了获客假设之后它就结束了,也不能说在验证了留存假设、变现假设之后它就结束了,只要还有新的假设冒出来就需要被检验,"验证产品概念"就不会停止。在"假设—验证—赢得市场份额"这个循环中,如果产品经理对假设列表的精简和排序出现了失误,比如偏离了突破增长瓶颈的假设,就会掉进过早优化的陷阱。

在寻找会说话的猴子和建台子之间选择先建台子就是过早优化,在讲产品经理的非权力性领导力的时候提到的"自建广告系统"和"10万用户同时在线"也是过早优化。过早优化就好比浮云之上建大厦,大概率会变成伪工作。把时间和资金花在过早优化上,对产品当前的竞争力只会产生负面影响。

要避免过早优化,就要看清关乎产品概念成立与否的高不确定性假设有哪些,就要发现产品当前的瓶颈是什么。相比产品还没有开发上线时的假设列表,已经上线并且正源源不断产生数据的产品更复杂,发现瓶颈是个挺困难的工作。多数情况下,即使团队外的人明确指出瓶颈,产品团队也可能会拒绝接受,因为当产品经理不具备相应的行业认知时没办法相信外人指出的瓶颈,即便勉强相信也找不到解决方案。

> ▶ 假设你穿越到 400 年前
>
> 人类在地球上生活了几百万年,现代医学直到 400 年前才开始发展。在现代医学诞生之前,人类的很多疾病无法确诊和得到有效医治,因为那时候我们不具备解剖学、细胞学、遗传学等医学及相关学科知识,自然也没有青霉素、X 光机、呼吸机等药物和设备。如果 400 年前有外星人或穿越者告诉当时的医生,你们的国王感染了一种致命的细菌,再不用抗生素就没救了,医生能治好国王的病吗?

当产品团队的认知跟不上产品的发展时,过早优化必然会出现。微信曾经在 4.5 版本做过相当小众的实时对讲机功能(如图 5-7 所示),打磨得超级精致。和 5.0 版本的微信支付相比，这个功能显然是过早优化。前面讲产品衰退的标志并不是市场份额下降，而是失去获客、留存、变现的创新能力，其本质是产品团队行业认知的停滞导致无法发现或突破瓶颈。

图 5-7 微信的实时对讲机

过早优化并不只出现在产品层面。开发团队如果对性能做超前优化或者优化性能已经够用的模块，是过早优化；运营团队如果在时机还不成熟的时候发起大型活动，是过早优化；营销团队如果在投资回报率还没有跑正的情况下就盲目烧钱，也是过早优化。

功能渗透留存矩阵

对于过早优化也不用过度焦虑。皮克斯创始人艾德文·卡特姆（Edwin Catmull）说，我们可以努力系统性地避免自满和发现隐蔽的问题。坨厂在思考"系统性"的时候，找到的一个方法是功能渗透留存矩阵，如图 5-8 所示。

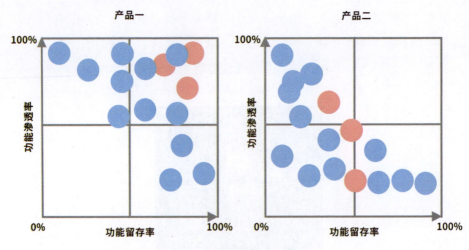

图 5-8　功能渗透留存矩阵

功能留存率 = 当前周期使用该功能的用户数 / 上个周期使用该功能的用户数

功能渗透率 = 当前周期使用该功能的用户数 / 当前周期整个产品的活跃用户数

我们在功能渗透留存矩阵中把产品的核心体验（比如获客齿轮和留存齿轮的咬合点，留存齿轮和变现齿轮的咬合点）标记为红色，那么红色的点处于什么位置就很关键了。产品一无疑是能留存用户的产品，核心体验的渗透率和留存率都非常高；产品二则是一个租用流量的产品，核心体验不太能留得住用户。

如果最靠近右上角的功能并不是产品的核心体验，比如图文信息流产品新增了视频内容，比如团购产品新增了外卖服务，那就说明我们的产品可能面临转型，需要拥抱渗透率和留存率更高的使用场景。

将产品的核心体验持续向右上角推进，是产品团队最重要的工作，整个团队的注意力和资源都应该聚焦在这件事上。推进这项工作很难，我们可能提出了很多假设，验证了很多假设，但它们的位置都没有发生变化。时间一长，整个团队会承受巨大的挫败感和无力感，甚至不敢再去直接面对它们。古希腊哲学家伊壁鸠鲁告诉我们，不是所有快乐都值得选择，也不是所有痛苦都应该避免。不去面对最需要解决的问题，转头去摆弄支线功能，可能会得到一些非核心数据的增长，但并不能改变整个产品的命运。当我们反复思考困难的问题，尝试解决它，总会慢慢找到办法，比如通过竞争情报获得业界标杆的数据，量化提升空间，提振团队信心，又比如请教或招募行业大牛。

腾讯联合创始人张志东曾经说过："当我们经受住极大的压力，在重重危机和困难之中，经过不懈的努力，终于找到可行的解决之道的时候，那种豁然开朗的感觉，难以言传，是未经历极限挑战的人所不能理解的，只有用心投入的人，才能体会这种工作的快乐。"

回到功能渗透留存矩阵，靠近左上角的功能渗透很强劲，但用户没有留存，那到底是用户不了解这个功能的价值，还是这个功能不是面向用户的高频需求呢？我们可以花时间验证这两个假设。靠近右下角的功能留存率很不错，但渗透率不足，属于有潜力的支线功能，可以花点儿时间抢救一下。渗透率不足可能是功能藏得太深，没有有效获客，也可能获客的曝光已经很充分了，但转化率太低。如果是藏得太深的话，通常可以认为改善获客就能向上推动；如果是转化率太低的话，可以认为有些用户经常使用，但大部分用户从不使用，那么该功能的入口对大部分用户是无效的。进一步，是入口做得太晦涩，让人看不懂，不敢点击，还是这个功能本身太小众？有了这些假设后，就可以走流程了——精简，排序，逐一验证。

靠近左下角的功能就有点让人"不忍直视"了，它们代表的都是伪工作。但凡在获客和留存两个杠杆中认真考虑过一个，也不至于把它们做出来。不管是移除还是抢救，伪工作都会再次占用开发资源。这时候你就会理解，少即是多。从稳健性角度来讲，产品越简单，就越容易实现稳健性，比如算盘就很难崩溃，而复杂得多的手机更容易死机。

我建议项目经理和开发工程师要求产品经理在产品需求文档中预估每个需求的渗透率、留存率和变现规模（如果涉及变现的话），在功能渗透留存矩阵里标记每个需求的位置。产品发布后，拿实际的渗透率、留存率、变现规模和预估做比较，如果相差较大，要分析清楚其中的原因。产品经理不能总给大家留下一种"拿着伪需求要求开发工程师估时，估错了还得加班赶进度"的印象，要估就大家一起估，特别是要从工作的源头开始估。开发工程师对于需求的估时应该越估越准，产品经理对于需求增长效果的评估也应该越来越准。预估越准确，团队就可以更有效地剔除伪工作，一直做投入产出比最高的事情。

最后还想强调一点，虽然我们可以把注意力聚焦在一些关键功能上，但切勿陷入"功能视角"。产品是一个有机的整体，一个功能咬合另一个功能，一个系统咬合另一个系统，留存咬合获客，变现咬合留存，"系统视角"是做好产品的必要条件。比如我们想提升信息流列表的内容质量，如何找到优质的内容创作者，如何判断内容的质量，每个内容消费者对内容质量的判断标准是否相同，在有限的展示数量中如何平衡内容消费和内容质量，恶意评论会不会打击内容创造者的创作热情等，都是需要考虑的问题；一个更易用的编辑器并不能一次性解决这些问题。

用户体验三要素

产品设计是整个项目中的第一项工作，虽然我们还没有开始撰写产品需求文档，但是，我们已经完成了产品设计的绝大部分工作——确定产品概念、对假设列表进行精简和排序、设计最小可行系列产品。在撰写产品需求文档之前，我们还需要从用户体验的角度为产品设计增加一点点细节。

用户体验最关键的 3 点是：核心体验、核心体验、核心体验。不是开玩笑，优质的核心体验是产品能够成功占领市场的必要条件，非核心体验则远没有这么重要。比如飞机，作为一种交通工具，它时不时颠簸并且噪声巨大，但速度是它的核心体验，一快遮百丑。我们没有无限的资源把产品方方面面的体验都做到完美，或者我们能做到完美但成本会飙升到用户无法负担而产品概念也不再是最初设想的概念（比如产品概念从大型客机变成了私人飞机），所以用户体验设计也要借用最小可行产品的思路，覆盖好核心体验就可以了，不要做零分甚至负分的"打磨"。

一个产品的核心体验是什么呢？可能是获客齿轮和留存齿轮的咬合点，比如飞机的速度和时效，趣头条的"师徒系统"；也可能是留存齿轮和变现齿轮的咬合点，比如机舱一般分为经济舱、商务舱和头等舱，内容产品要有海量内容和高效的分发同时还要嵌入广告，社交产品要能让人找到聊得来的朋友顺便卖会员服务，外卖产品要有丰富的菜品和快速的配送还要控制成本实现盈利。

做好核心体验，可以从别让我等、别让我想、别让我烦这 3 个要素着手，站在前人验证成功的设计上，降低用户体验设计的不确定性。

别让我等

每个人的生命都是有限的，耐心也是有限的，减少等待时间是全人类的刚需。手机的 4G 信号如果够强，网速对于目前大多数应用是够用的。但人群密集的话，4G 信号就变弱了，访问网络内容就会变慢。不知道 5G 普及后，能否进一步解决这个问题。

假设用户正试图打开你的产品，那么你的产品最好能在 10 秒之内呈现内容，否则用户通常会放弃或者中断一个大任务的执行。许多研究表明，让用户满意的产品打开时间通常在 2 秒以内。当用户点击了一个按钮，你的产品有 1 秒的时间来展现他所期望的内容。1 秒是两个人之间对话舒适间隔的最大值，为了让"对话"舒适地继续下去，在这个时间点上你一定要告诉用户接下来点击什么，不然用户会觉得冷场而离开。如果用户输入了一串字符或者移动了某个组件，这时候留给你的产品跟用户进行手眼互动反馈的时间是 0.1 秒。实际上，人类对连续动画的感知大概是 0.065 秒，超出这个时间就会觉得操作卡顿。一些抽样调查显示，用户倾向于认为打开速度较快的产品质量更高、更可信，也更有趣。所以，绝对速度一定要及格，在及格的基础上，像视网膜屏幕那样越逼近人类感知极限越好。

2018 年 2 月，谷歌用神经网络估算出不同加载时长对网站跳出率的影响，如图 5-9 所示。

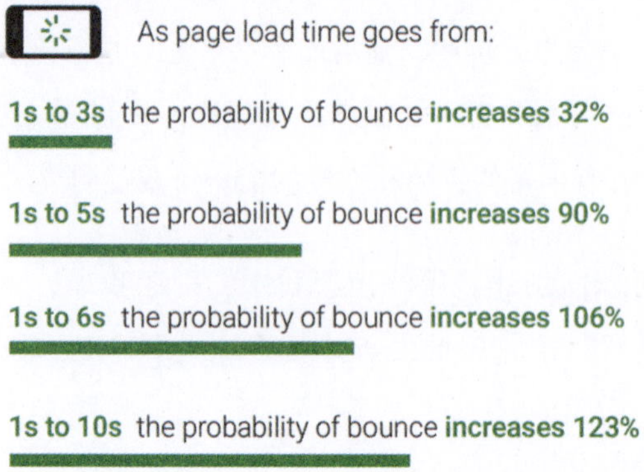

As page load time goes from:

1s to 3s the probability of bounce **increases 32%**

1s to 5s the probability of bounce **increases 90%**

1s to 6s the probability of bounce **increases 106%**

1s to 10s the probability of bounce **increases 123%**

图 5-9　不同加载时长对网站跳出率的影响

如果觉得用户中途离开还不够"刺激"，我们可以再聊聊时间就是金钱。自助开店平台 Mobify 在 2016 年分享过一组数据，它的首页加载时间每减少 100 毫秒，基于会话的转化率就会增加 1.11%，年收入增长近 38 万美元；结账页面加载时间每减少 100 毫秒，基于会话的转化率就会增加 1.55%，年收入增长近 53 万美元。

▶ **越优化数据越差？**

2009 年，YouTube 程序员克里斯·扎卡赖亚斯（Chris Zacharias）接到一个需求：把 1.2 MB 的视频播放页面精简到 100 KB 以下（1 MB=1024 KB），他给这个项目取名为"羽毛"（Feather）。在废了九牛二虎之力后，这个看似不可能的任务完成了，视频播放页面变成了 98 KB。但是经过一周的数据采集，一个"摧毁克里斯世界观"的结果出现了，视频加载时间变长了！正当克里斯准备放弃羽毛项目的时候，他的同事找到了答案：地理分布。

按照地理细分来看，东南亚、南非、南美等地区的流量有了不成比例的增长,这些地区基于羽毛项目的加载时间在 2 分钟以上,正是这些新增用户拉高了全球平均视频加载时间。为什么呢?从页面大小来推测加载时间的话,原先这些地区的用户打开网页 20 分钟后视频才开始加载,用户根本等不了这么久,还没等视频开始加载就关闭了页面,是羽毛项目第一次让这些用户看到了 YouTube 视频[1]。

糗事百科可以为速度问题提供一个反面案例:签到。签到是个支线功能,开发团队盘算:那就怎么简单怎么来吧,做成一个全屏网页好了。网速正常的时候还好,网络一旦出现卡顿,整个应用界面就只剩下全白,没有返回按钮,也没有其他任何东西。运气好的话它最终能加载完成,用户可以继续操作;运气不好的话会一直处于卡死状态,用户只能手动杀死应用进程再重新打开。运用同理心可知,不是每个用户都会杀进程。本来是个支线功能,现在却存在严重缺陷,影响到了核心体验,开发团队还要花额外的时间修复它。

> **注意**
>
> 性能指标不一定需要产品经理来盯,坨厂由运维团队监控这些数据,发现问题后提交给产品团队,产品团队根据问题整理产品需求,需求实现后再由运维团队确认数据的变化。产品团队中有人负责关注性能指标就好,没人接手这个工作的话,产品经理就得接手。

除了努力提升绝对速度,我们还可以运用一些加载策略来改善用户对于速度的体验。比如顾客到餐厅吃饭,一入座服务员就会过来摆好碗筷,这个策略叫**骨架**(skeleton)。这就好比虽然还没有加载出来任何内容,但色块和线条可以给用户以内容预期。点单之后服务员送来一个沙漏,告诉用户上菜超时的话会有折扣,这个策略叫**进度条**,让用户对加载时间有所预期。做好一道

---

[1] 摘自克里斯的博客文章"Page Weight Matters"。

菜就上一道菜，而不是等全部做好之后一起上，这个策略叫**分步加载**，比如先加载展示文字内容，随后加载展示图片和视频。YouTube 作为视频产品是反过来的，先加载视频再加载其他信息。顾客点了一个双拼比萨，服务员先送过来半个，说另外一半很快就好，这个策略叫**懒加载**，长视频内容通常会用到。一个视频文件很大，全部加载完再开始播放需要等太久，看个开头就不看了也很浪费流量，把它切成小段或变成流，就解决了这些问题。用户点了一个老火汤，制作时间需要几个小时，从下单到上菜却只用了一分钟，因为厨房早就预备好了，这个策略叫**预加载**。你在短视频产品里切换视频的时候能感觉到加载过程吗？

在绝对速度和加载策略之外，别让我等的另一个问题是反馈速度。今天移动应用的主流交互方式是手指触摸屏幕。相比十年前的键盘和鼠标，点击是否马上就有反馈，滚动是否跟手，这类反馈速度的问题得到了进一步的重视。

我们看一个现实世界中的例子。

——小王，这个版本上线后的数据分析发我一份。
——好的，一分钟。（一分钟后）请查收。
——小李，这个版本上线后的数据分析发我一份。
——（一分钟后）请查收。

如果小王和小李这两个实习生只能转正一个，你想把名额给谁？

再来看个大家很熟悉的例子。假设你这次不去餐厅吃饭，在家叫外卖。下单后餐厅人工确认外卖订单需要时间，骑手取餐、送餐也需要时间，但你在下单后会立即得到支付成功的反馈，然后自动跳转到外卖进度页面，这里可以看到订单的进展，在此过程中反馈一直是即时的。占位和进度条可以提供反馈，但它们出现的速度一定要快，才能让反馈变得及时，反馈一定要有最高的响应优先级。有些游戏会在场景变得复杂的时候自动调低画质来保证帧率，也是出于优先级的考虑，画面糊几秒和卡顿几秒，前者相对更好接受一些。

另外，清晰明确地展示反馈效果可以避免用户错过反馈陷入等待的焦虑。十多年前糗事百科模仿 OS X 图标点击效果做了按钮反馈动画，点击后能明显看到点击被执行了（如图 5-10 所示）。现在这种反馈形式已经成了点赞按钮的标配。除了动画，声音、振动、额外发一条短信，都能增强反馈。

糗事#115190 (+33:-26)　关注该糗事　2009.03.04 23:19:53

+1

一日去买“哥俩好”胶水（一个包装内有一种蓝色管的和一种红色管的胶水。两种颜色混合到一起才会产生粘合作用）。我跑到路边的小店问：有”哥俩好“么？ 一个很龌龊的大哥说：有~~三块五啊~~“一种感觉这个胶水很贵的样子。我说：”来一个“。那位大哥翻了半天翻出来了一盒。随手撕开了盒子递给了我一管~~我唰一下汗都下来了。难道这位龌龊的大哥是真不知道”哥俩好“是怎么用的？？？

标签：哥俩好 胶水

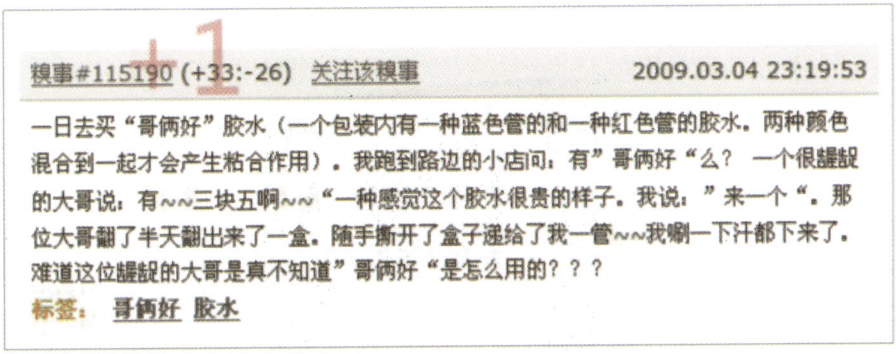

图 5-10　2006 年糗事百科的投票“+1”动画截图

别让我想

1971 年，诺兰·布什内尔（Nolan K. Bushnell）开发了第一款商业视频游戏《电脑空间》（*Computer Space*）。它是大型机上的《太空争霸战》（*Spacewar!*）的改进版，可是因为太新奇，超越了时代的步伐，反倒吓跑了顾客，最终游戏机柜（如图 5-11 所示）只销售了 1500 台。

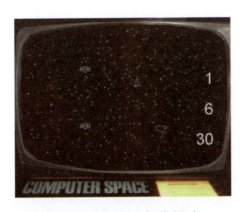

图 5-11　《电脑空间》游戏机柜

给布什内尔带来灵感的是一句话："谁低估美国人的智力，谁就会发财。"1972年布什内尔注册了全球第一家电子游戏公司雅达利（Atari），这次他决心设计一个无须动脑筋的简易游戏机，就连小孩子和酒吧醉汉也能一玩就懂。他雇用安派克斯（Ampex）公司的老同事艾伦·奥尔康（Allan Alcorn）开发的第一款游戏叫《乓》（Pong），是一个简单的电子乒乓球游戏（见图5-12）。

图 5-12 《乓》街机游戏机柜

鉴于《电脑空间》的打击，布什内尔决心谨慎行事，先从最小可行产品开始。他用电路板、硬币箱和一台旧电视组装出了一台《乓》的原型机。1972年9月，布什内尔和奥尔康将这台原型机安放到了本地的一家酒吧，看是否有人来玩。一天不到，酒吧老板就打电话向他抱怨游戏机坏了。经过简单的检查，布什内尔发现游戏机并没有坏，而是一加仑① 大小的钱盒已吃满了硬币，造成了"堵塞"，一个全新的电子游戏机时代就此拉开了序幕。

别让我想的关键是简单，足够简单才不会调用大脑的前额叶皮层，人类不喜欢动用这个区域进行高能耗的思考。所以产品要从内而外的简单，概念、形态、定位、信息架构、技术、交互、视觉都要简单，才容易被用户理解和使

---

① 1美制加仑约等于3.79升。——编者注

用。从《乓》和《电脑空间》的游戏画面就能看出来，《乓》的概念显然简单了很多。如果不改变产品概念，只是给《电脑空间》重新设计简单的交互和视觉效果，它还是一个复杂的游戏。

同样是解决沟通的需求，即时通信为什么代替电子邮件成了主流？是因为即时通信的速度更快吗？虽然即时通信的名字里有即时两个字，但电子邮件的速度并不慢，要知道，微信的收发消息模型跟电子邮件模型的底层实现技术是一样的。我认为一个关键要素是即时通信的产品形态比电子邮件简单，电子邮件中的消息以邮件标题为索引，即时通信中的消息以联系人为索引，显然，以人为索引更符合人与人日常沟通的习惯。另外，即时通信产品的干系人更简单，每个即时通信产品都是一个相对封闭的网络，想做语音功能就能做语音，想做支付功能就能做支付；而电子邮件是开放的网络，新的协议不一定会被多种多样的邮件客户端支持，这就增加了创新落地的成本。

脑白金和小米都是定位简单清晰的产品，脑白金是节日礼物，小米性价比高（这个定位正在努力传给红米）。历史更悠久的成功案例是戴比尔斯，打造了20世纪最经典的广告语之一"钻石恒久远，一颗永流传"（A Diamond is Forever）。钻石只是宝石的一种，它能流行是通过挖掘钻石"硬度高"这个特性撬动了爱情和婚姻的获客杠杆，还巧妙地压制了二手交易。

我们再来看看百度、360搜索和搜狗。百度的口号是"百度一下，你就知道"，8个汉字，非常简单，一看就和搜索相关。360搜索的口号是"360搜索，SO靠谱"，360搜索显然高估了懂英语的用户比例，SO靠谱还是个谐音梗，要想一下才能想到"搜靠谱"。搜狗呢，"搜狗搜索引擎，上网从搜狗开始"，"搜索"这两个字很多用户懂，但"搜索引擎"这4个字是个产品术语，用户要理解可能需要思考，后半句"上网从搜狗开始"，没有突出搜索的定位，倒是有点儿hao123的感觉。前后加起来13个汉字，有耐心看完也不容易记忆（如图5-13所示）。需要说明的是，产品口号不等于产品定位，只是产品定位的一个表象。

图 5-13 三大搜索引擎的口号

这里再稍微展开一点，不光文字要用简单常用的文字，图形化信息也要和主流图形保持一致。比如大家都用放大镜表示搜索，你非要用望远镜，用户就需要想一想才能明白。甚至有些图形现在已经变得有点奇怪了，比如保存图标是一个软盘，现在的年轻人哪里见过实体软盘，还好，如今的产品大多支持自动保存，不太需要这个图标了。

> 思考题
>
> 明基为什么改名为明基？

微信和 QQ 在建群方面曾经是有区别的，微信往对话里增加人就变成了群，老年人都会用（据说每个人的微信里都有一个"一家人"群）；QQ 往对话里增加人会变成多人聊天，多人聊天和群的功能不同，QQ 群只能从建群入口创建。现在 QQ 群已经改成和微信群一样的逻辑了，取消了多人聊天。同样的概念，同样的产品形态，只做群，还是做群再做多人聊天，这是一个信息架构问题，结果是简单的信息架构胜出了。

需要强调的是，技术的简单不是技术方案本身简单，而是技术让用户用起来简单：比如电容触摸屏和多点触控，就比电阻屏加手写笔要简单；TouchID

就比 Home 键加密码简单；云同步就比 U 盘和电子邮件简单。

微信群的信息架构虽然比 QQ 简单，交互却比 QQ 复杂。因为没有数字群号码，微信群提供了群二维码，这就多出来一连串 QQ 没有的交互，用户无法直接记忆这个二维码后告诉其他人，但对方可以扫码进群，比输入数字群号码要简单。微信还有一个面向陌生人聚会场景的面对面建群交互（如图 5-14 所示）。大家彼此不是好友，拉人建群要先加好友，更简单、更自然的交互方式是先进群再想加谁加谁。所以，交互的简单和技术的简单类似，要追求使用的简单。快手的双击点赞，B 站的一键三连，对用户来说都是简单有趣的交互设计，还成了品牌模因的一部分。

图 5-14　微信面对面建群

？思考题

微信为什么不把公众号放到发现页里？

产品经理毕竟不是视觉设计师，产品经理对视觉设计的参与主要体现在和视觉设计师商量想"抄"哪个产品以及审稿，对视觉设计的简单性有一定的判断力即可，记住**便于扫描**和**可操作暗示**（affordance）这两条就差不多了。

便于扫描是指确保用户能够在每个页面中快速定位重点内容或可操作对象，不会在多个视觉元素中迷失视线焦点。设计师经常运用隔离效应来实现该目标。如果存在多个元素，有特点的元素容易被识别、记忆；比如页面中只有一个色块的时候，这个色块就最抓眼球；如果有两个色块，视觉的重点就分散了。如果有多个类似的元素，面积相同就没有重点，面积有大有小就容易突出重点（如图 5-15 所示）。

图 5-15　突出视觉重点

可操作暗示是指可操作的对象要给用户可操作的感觉，比如图 5-16 所示的计算器，软件界面有和实体计算器类似的按钮，即便去掉按钮的立体感只剩下色块，我们还是可以感知它们是按钮，是可操作的。

图 5-16　实体计算器→拟物化设计的计算器→扁平化设计的计算器

iOS 7 之前的拟物化设计的可操作暗示很强，但拟物化设计也有滥用的问题，不可操作的元素或纯装饰性元素在视觉上也很突出，这是不必要的，还会妨碍扫描。另外，不同产品的拟物方向不同，有的模拟金属按钮，有的模拟木质按钮，给用户增加了非必要的学习成本。拟物化设计有非常突出的优点，也有无法忍受的缺点，又到了需要取舍的时候。

苹果公司于 2013 年推出 iOS 7，用扁平化设计终结了拟物化设计的滥用。注意，是终结了拟物化设计的滥用，并不是终结了拟物化设计。扁平化设计里的卡片、毛玻璃、视差、按钮、锁头图标，还是在模拟三维空间和现实生活中的物品，因为这些是用户生活中最熟悉的，只是更抽象、更简洁了（如图 5-17 所示）。现在大家既能享受拟物化带来的可操作暗示，又能享受扫描的便利，在不同的产品间切换也不会觉得突兀而需要重新学习，这就是设计的力量。

图 5-17　苹果地图

> 💭 **思考题**
>
> 图 5-17 中的大横条（Home Indicator）和小横条（Handlebar）为什么给用户可操作暗示？

> ❗ **注意**
>
> 一个小建议，不要花太多时间死抠视觉细节，因为视觉设计的进度而拖慢整个项目的进度更是不可取。我在高考前刷题的时候被一道物理题难住了，请教一个同学，他一看题目太难，跟我说："物理只有 150 分。"（当时每科满分 150 分。）视觉在整个产品中占多大比例呢？你是否会花同等或更多时间死抠产品概念、形态、定位、信息架构？是在更本质、更底层的地方花时间收益大，还是在最表面的地方花时间收益大？产品经理审视觉稿，浏览下来没有大问题即可，我倒是鼓励设计师多花点时间和产品经理死抠产品定位和信息架构。

别让我烦

别让我等和别让我想对获客和前期留存有显著影响，别让我烦则影响产品的长期留存。有两类问题会导致用户心烦，一类是低效，另一类是骚扰。

如果技术方案或交互方案对于用户来说不够简单、高效，用户的耐心会逐渐被消磨。比如输入密码解锁手机的案例，苹果首席执行官库克曾经透露，他每天拿起手机大约 200 次，如果每次都要输入 6 个数字进行解锁，是不是很烦？解决低效最好的办法就是自动化，把输入密码的环节直接干掉，拿起手机就自动解锁。

如果无法实现自动化或者考虑到自动化会失败，我们还可以简化流程。比如微信支付，去掉了确认按钮（如图 5-18 所示），从常见的输入 7 次（输入 6 位数字

密码 +1 次确认 = 输入 7 次）变成了输入 6 次，输入环节的复杂度降低了 14%。

图 5-18　微信支付界面

用户在商业机构的网站稍作停留，网页通常会自动弹出客服气泡，询问用户有什么需要（如图 5-19 所示），这也是一种效率的提升。有些疑问直接和客服沟通，解决得更快。Instagram 有个类似的设计，用户在信息流中停留几秒，当前照片的评论框会自动出现，方便输入评论。

图 5-19　VIPKID 主页

还有一种低效是用户自己操作出错，需要重复进行操作。丰田公司对这个问题有一套解决方案，叫防呆（poka-yoke）。防呆有两个主要的出发点：一是尽量减少对员工的培训,实现快速上岗;二是尽量预先管理错误,进而提高良品率。这和互联网产品需要解决的问题类似,互联网产品没办法对用户培训太久,最多也就是走个新手引导流程,同时还希望用户的操作不出错,保持效率。

防呆的具体手段包括下面几种。

- **自动化**:已经讲过两次了,自动化后用户当然就不会出错了,再出错就是产品出错。
- **校验**:利用形状、密码等进行校验,减少误操作。三相电源插头只能按照正确的方向插入,就是利用了形状校验。当用户对一些敏感数据进行操作的时候,特别是钱,输入密码确认就是一种校验。
- **隔离**:划分区域,禁止用户进入危险区域。iTunes 并不会告诉用户音乐文件和 CD 封面具体存放在硬盘的什么位置,故意将用户和这些文件隔离,用户只能通过 iTunes 对音乐进行"安全的"管理。该设计也强迫用户放弃对音乐文件、CD 封面图片文件等内容的关注,让用户的注意力聚焦于音乐本身,降低了用户的学习成本。
- **缓冲**:利用各种方法减免错误带来的伤害。自动保存用户正在编辑的内容,最好再提供历史版本回溯功能。用户想要取的名字被别人占用了,自动给用户提供一些备选项,减轻错误对用户的打击。高考的备用卷也是一种缓冲,在 2020 年安徽歙县的高考中就发挥了作用。

骚扰是指对用户进行干扰、折磨等冒犯行为,产品对用户的骚扰包括产品本身对用户的骚扰和产品干系人对用户的骚扰。

支付宝每天稳定地给我发 4 条推送,这可能是一种流失用户召回策略,但推送的信息并不是我需要的,却占据了我的屏幕空间,这就是一种骚扰。iOS 针对推送骚扰推出了关闭通知和消息折叠。无奈道高一尺魔高一丈,我想加入即刻的一个圈子,不开启通知权限就无法加入,如图 5-20 所示。

其实推送骚扰、广告骚扰、促销骚扰还不算最严重的骚扰,内容产品不能给用户提供感兴趣的内容,搜索引擎的搜索结果里没有用户想要的信息,电商平台的推荐列表里出现了冒犯用户的商品信息，外卖给用户送的餐洒了，这些核心体验问题是更值得重视的骚扰。

图 5-20　不开启通知权限就不能加入圈子

微信在减少产品对用户的骚扰方面做得非常好，发现页和钱包页的入口都可以关闭（如图 5-21 所示），这在防呆手段里叫"断根"，允许用户从根本上杜绝骚扰，获得内心的平静。

图 5-21　关闭各种入口后的微信

产品干系人对用户的骚扰主要有两类：用户对用户的骚扰和骑手、司机等服务人员对用户的骚扰。后者相对来说容易处理一些，首先服务人员的数量有限；其次，平台有相应的管理手段。用户觉得某个骑手服务态度不好，可以拉黑他，这个骑手就看不到用户后续的订单了，用户也不用因为一个骑手就放弃已经习惯的产品。

用户对用户的骚扰是个大课题。产品的活跃用户规模越大，会去骚扰其他用户的用户往往就越多，而且他们一般不在乎自己的账号，被平台制裁了就想办法再注册一个账号。理想的网络环境是大家心平气和地讨论问题，现实的网络环境像很多人坐在自己的车里路怒症发作，每说一句话都是大声嚷嚷和拼命按喇叭。为什么狼人杀搬到网上就没有线下那么好玩了，因为当一个玩家不认真参与的时候不用担心其他玩家会过来"抽他"。

同样是滴滴出行的产品，顺风车的恶性事件就比快车、专车严重，原因在于顺风车司机的属性更接近普通用户。滴滴最初不但没有预防潜在违法行为，还把顺风车这个出行产品描绘成社交场景，给骚扰提供了杠杆。

> "就像咖啡馆、酒吧一样，私家车也能成为一个半公开、半私密的社交空间。这是一个非常有未来、非常 sexy（性感）的场景，我们从一开始就想得非常清楚，一定要往这个方向打。"
>
> ——黄洁莉，前滴滴出行顺风车事业部总经理

2018年5月5日，一名空姐在郑州乘坐滴滴顺风车时遇害。同年8月24日，浙江温州乐清的一个女孩在乘坐滴滴顺风车时遇害。3日后，滴滴宣布在全国范围内下线顺风车业务。

滴滴顺风车用户的不幸遭遇揭示了一种更基本的需求——别让我死（人身安全）。用户不止关心自己的安全，也关心他人的安全，因为他人不安全也就代表自己不安全。别让我死这个问题不是特别常见，但也不算特别罕见，特斯拉的"自动驾驶"就是另一个例子。

2016 年 1 月 20 日，23 岁的高某驾驶一辆特斯拉在京港澳高速邯郸段行驶时，追尾道路清扫车身亡。2016 年 7 月，受害者父亲对特斯拉提起诉讼，索赔 1 万元，称特斯拉夸大宣传自动驾驶功能，致使受害者在驾驶时放松警惕酿成这起车祸。2016 年的 8 月，特斯拉将中文官网的"自动驾驶"一词改为"自动辅助驾驶"。2018 年 2 月 27 日，在大量证据面前，特斯拉承认事故车辆当时处于自动驾驶状态。

特斯拉的策略非常精明，简单来说就是既想占宣传上的便宜，又想避免承担法律上的责任。在功能名称描述上打擦边球，在功能介绍里强调这是辅助驾驶，在广告里绝对不吹嘘；而在非广告宣传里，特斯拉首席执行官马斯克在 Twitter 中转发过不少双手脱离方向盘的危险驾驶视频（如图 5-22 所示），2019 年还在这么做。有人认为马斯克在无形中暗示辅助驾驶功能可以让人双手脱离方向盘。相比滴滴出行的窘境，特斯拉的市值高歌猛进，在 2020 年 8 月已经突破 4000 亿美元。

图 5-22　双手脱离方向盘的危险驾驶视频截图

特斯拉官网可是说手要放在方向盘上随时准备接管车辆，如图 5-23 所示。

> Autopilot and Full Self-Driving Capability are intended for use with a fully attentive driver, who has their hands on the wheel and is prepared to take over at any moment. While these features are designed to become more capable over time, the currently enabled features do not make the vehicle autonomous.

图 5-23　特斯拉官网截图

举这两个例子是希望大家在做产品的时候能对用户保持敬畏之心。每个用户都是鲜活的生命，产品如果没有做好就会扰乱他们的生活。

只要一个用户发布的信息能被另一个用户看到，就有被骚扰的可能。骚扰不限于产品内部，还包括其他产品和现实生活中。"奥利给"大叔黄春生在快手走红之后，他的黑粉们成立了一个"反怪联盟"，专门找他麻烦，在直播间骂脏话挑衅，不间断地打骚扰电话，给他 PS 遗照，甚至他的家人也一并遭殃。祁迎春是"反怪联盟"的积极参与者，他原本是和黄春生同时"出道"的短视频博主，几年前一起在大凌河拍短视频，两人的粉丝数都是 1 万多。但不久后，祁迎春的快手生涯因为入狱而突然中断，直到 2020 年 5 月他才出狱。为了围追堵截黄春生，祁迎春花了 20 万在黄春生家附近买了一套房。"我气啊，我要不进监狱，他老怪能火起来？"祁迎春说。

同理心能让我们换位思考，但如果我们对人性的复杂认知不足，不知道会有歹徒、黑粉使用我们的产品，同理心就会出现缺口，产品就会出现漏洞。私家车是不是一个社交空间？是。私家车是不是像酒吧一样半公开、半私密？不是。当私家车在空旷的道路上行驶，就会变成完全私密的空间，而且只有司机和乘客，万一其中任何一个人动了邪念，后果不堪设想。如果用户里绝对没有一个歹徒，黄洁莉的设想很好，"一开始就想得非常清楚"？没有考虑墨菲定律啊。

> 墨菲定律：如果某件事有可能发生，就一定会发生。

"这个世界有人的地方就有恩怨"，我们肯定没办法完全避免用户和用户之间的摩擦，但我们可以努力降低这些事件发生的概率，特别是恶性事件发生的概率。只给用户提供拉黑功能是不够的，拉黑并不能预防骚扰，只是骚扰发生后的亡羊补牢。可以把预防骚扰看成一个产品，比如一些产品在用户发言的输入框里加入友好发言的引导，还有很多产品会自动过滤不友好的发言。防骚扰产品的概念和形态可以"抄"其他产品，也可以根据自家产品和用户的特点自主创新。

> **思考题**
>
> 给儿童买人身保险，为什么不满十岁的儿童身故后赔付额 20 万元封顶？

产品需求文档

产品需求文档是由产品经理和设计师（包括交互设计师、视觉设计师等）共同产出的文档。我理想中的合作模式是，产品经理负责获客、留存、变现这些杠杆的设计，设计师负责用户体验的设计，当两者发生冲突时，产品经理和设计师商量着寻找双赢方案或妥协方案。实际工作中可能是，产品经理承担了大部分用户体验设计的工作，设计师主要负责完成视觉设计的工作，具体的合作模式以大家所处的实际情况为准。

关于产品需求文档的形式，目前有两个流派，一派是单页流（如图 5-24 所示），另一派是全景流（如图 5-25 所示）。

单页流的好处是可以做交互动画，更贴近真实产品的体验；全景流的好处是可以对用户的动线和产品的复杂度一览无遗。有些单页流的人不承认存在全景流，觉得这一张大图不能模拟操作体验，还缺少动画效果，无法充分说明产品需求。有些全景流的人不承认存在单页流，觉得它顶多算是全景流的补充演示手段，全景图才是本体，想要看清页面间的逻辑关系只能通过全景流，在单页里点来点去操作半天都不一定能遍历所有页面。

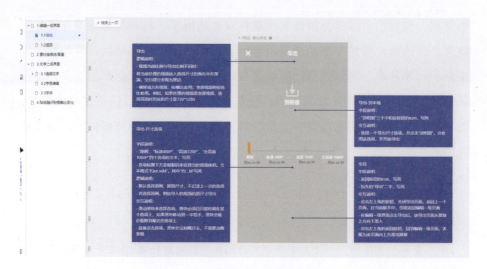

图 5-24　单页流产品需求文档

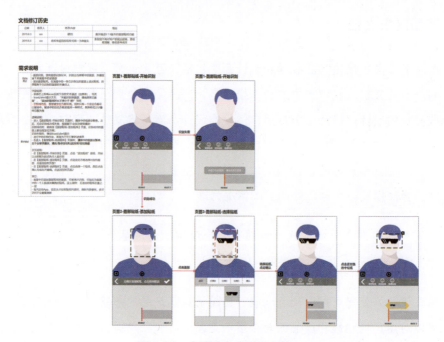

图 5-25　全景流产品需求文档

选择哪个流派，产品经理个人的偏好是次要的。产品需求文档的用户是视觉设计师和开发团队（视觉设计和开发通常是并行的，视觉设计产出的图片、动画等素材不阻塞开发进度就好），他们习惯用哪种就选哪种。如果他们觉得都行，就可以按产品经理的偏好来。产品需求文档是产品经理和产品团队进行书面沟通的渠道，也是产品和用户进行书面沟通的渠道。产品团队能否看懂说明书，用户能否看懂产品中的文案，对产品经理的书面表达能力是一种考验。

书面沟通也是沟通，我们前面讲过的"保持坦诚，持续提升自己提议的成功率"依然适用。和口头沟通相比，书面沟通有自己的特点，比如我们无法直接捕捉到对方的反应。如果对方感到疑惑，我们不能及时进行更详细的讲解。这就要求书面沟通尽可能站在对方的角度进行表达，确保对方能够理解我们的意思，提前消除疑问和歧义。有效的书面沟通不一定需要华丽的辞藻，比如"参加红军可以分到土地"这句经典的表达，直指人心。另外，在产品文案中应尽量避免错别字和标点符号的使用问题，这些低级错误会让用户质疑产品的品质。

明确项目目标

产品团队经常会面对一个困惑，我们的 KPI 是数字，但产品需求文档里都是功能和策略，它们之间好像有点跳跃。这个问题可以用目的拆解表（Objective, Goals, Strategies, Measures，OGSM）来解决（如表 5-2 所示）。据说，OGSM 的概念于 20 世纪 50 年代起源于丰田，后被宝洁、NASA、可口可乐、大众汽车等众多组织所采用。

表 5-2 冷启动目的拆解表

目的（文字）	目标（数字）	策略（文字）	评估（数字）
完成冷启动	2020 年 9 月实现新用户留存 40%	扩大每日新增用户	每日新增 2 万用户
		激活新用户	新手教程完成率 50%
	2020 年 9 月实现最高同时在线用户数 1000 人	通过每日签到提升老用户留存	7 日留存率 15%
		通过推送提高同时在线人数	每日推送唤醒用户 300 人

日常沟通中经常会出现一种"X—Y问题"，本来我们要解决的问题是X，比如完成冷启动，我们设想的解决方案是Y，比如给老用户赠送头像挂件，沟通中我们谈论的都是Y问题，甚至还花时间把Y实现了，但Y可能并不是X问题的解决方案，而参与讨论的其他人压根不知道我们所面对的是X问题。目的拆解表就很好地解决了"X—Y问题"，它从一开始就明确表达了我们的问题是X，目标和目的是否相符，策略和目标是否相符，策略达到评估标准后能否完成目标，进而实现目的，整个拆解过程一目了然。

X问题和Y问题同时呈现在一张表格里，就形成了一个高效的沟通平台，可以增强产品团队每个成员的主观能动性。团队中的每个人，不管是运营经理还是开发工程师，都能通过这张表格清楚地了解自己当前的工作内容和工作意义，有不同意见或更好的想法都可以及时提出来进行讨论。产品经理不一定总能想到达成目标最有效的策略，运营经理和开发工程师有时会有更好的创意。另外，开发工程师的逻辑思维能力通常都很强，他们如果看到表格里不符合逻辑的地方，及时提出疑问，也能有效减少伪工作。

好记性不如烂笔头，为什么做这个功能，为什么要实施那个策略，人是会忘的，但文档不会变，产品需求文档和作为文档附件的图片、动画等素材最好能做好归档工作，健全的文档也有利于新人入职后快速熟悉产品。还需要注意的一点就是，产品需求文档在提交给开发工程师之后可能会有修改，建议大家详细记录需求变更的理由，原因还是一样，好记性不如烂笔头。

5.3 实验

实验是探究假设是否成立的阶段，也是整个项目周期中燃烧经费最多的阶段。团队中几乎所有人都要参与实验，如果需要做获客实验，可能还要再烧掉很多广告费。产品经理不太可能也没有必要完全搞懂实验过程中的所有细节，但需要了解每个环节应该完成哪些工作，在这些环节中自己具体参与什么。互联网产品有很多形态，不一定是应用、网站，也可能是一个微信群、一个视频账号、一个直播间,希望大家能够透过案例看到每个环节存在的价值,举一反三映射到自己的产品中。

开发

哈利·波特的世界里有会魔法的人和不会魔法的人,前者被称为"巫师",后者被称为"麻瓜"。现实世界里有会编程的人和不会编程的人,如果把编程看成魔法,前者就是巫师,后者就是麻瓜。不会编程的麻瓜产品经理如何同会编程的巫师开发工程师进行沟通,是个世纪难题。

麻瓜生存指南

这个难题的终极解决方案也许是产品经理应该学会编程?很多老板级产品经理会编程,比如拉里·佩奇、谢尔盖·布林、比尔·盖茨、马化腾、张小龙、雷军、李彦宏、张一鸣,等等(排名不分先后)。其实不学编程也没关系,苹果的联合创始人斯蒂芬·沃兹尼亚克就说乔布斯从来不编程,这说明麻瓜一样可以成长为伟大的产品经理。

> ▶ **开发工程师的发难**
>
> 曾经有开发工程师向乔布斯公开提问技术问题,想要羞辱这个麻瓜产品经理,乔布斯回答道:"当我们思考苹果公司的战略和愿景时,总是从不可思议的用户价值出发,而不是看工程师手里有什么尖端技术可以拿出来卖钱,我认为这才是正确的方向。"所以麻瓜产品经理们不用自卑,我们的价值是从用户价值出发思考问题,这个视角与设计师从用户体验出发和开发工程师从技术实现出发是不同的,具有独特的价值。

为了搞清楚麻瓜产品经理如何更好地和开发团队合作,我采访了很多开发工程师,请他们谈谈记忆中高效、愉快的合作案例和低效、不愉快的合作案例。在这些案例背后,我发现了一条分界线:专业。如果产品经理在沟通中能体现专业性，比如摆事实，讲逻辑，有目标，合作就会高效、愉快。如果产品经理在沟通中不专业，比如事实错误（拿着浏览量下降的数据问收入为什么下降了，而收入其实并没有下降），逻辑混乱，没有目标，越界指定技术方案（同理，越界指定设计方案、运营方案也都不专业），合作就会变得低效、不太愉快。

重新看一遍乔布斯对开发工程师的回复，是不是很有逻辑，是不是很"专业"？其实这个专业和我们之前讲的非授权领导力差不多是一回事。如果麻瓜产品经理能在合作中积累越来越多的项目成功案例，和开发团队的合作就会更顺畅。如果麻瓜产品经理能对技术（不是编程）有一些了解，比如知道应用主要负责展示数据，服务器主要负责存储和处理数据，应用和服务器通过网络交换数据，当然也会进一步提升沟通效率。

能力和意愿

我们当然期望开发团队能够披荆斩棘攻克产品的技术难点假设，并且锦上添花为产品提供新的增长点，比如低延迟低成本的视频通话、把用户"困"在信息流里的推荐系统、能通过图灵测试的人工智能等。但我们需要面对的现实是，不管是开发负责人的人选，还是开发团队的整体实力，产品经理这个岗位所能施加的影响是非常有限的。

产品的成败通常是多因一果，其中开发起到的作用难以一概而论，那么，有没有纯开发因素导致的失败呢？我想并不罕见。在坨厂众多失败的产品中，就有两个是由于开发原因失败的。也就是说，不考虑市场等外因，纯开发问题就导致它们无法继续，一个是三消游戏，一个是狼人杀。

三消游戏失败是因为掉落规则的算法问题。开发工程师使用了一种预先计算掉落补位路径的方式，一开始工作得挺好，可随着游戏关卡的增加，玩法越来越复杂，这种方式就逐渐无法实现新的设计要求了。更简单、更灵活的方式是给每个珠子设置基本的掉落规则，正下方有空位就往正下方落，正下方没空位但左下方有空位就往左下方落，正下方和左下方都没有空位但右下方有空位就往右下方落。等到团队发现算法硬伤的问题，经过评估，重构成本相当于重新开发整个游戏，而市场上又有了别的机会，只好放弃该产品。

狼人杀的问题是团队没把它当作游戏来开发。它虽然看上去像语音聊天室或直播软件，但其实是客户端逻辑非常复杂的游戏，为了防作弊，这些逻辑服务端也要有一份。如果采用游戏的开发方式，就应该用 Unity 等游戏引擎，每个玩法只需要写一份代码，多个平台都可以运行。用普通应用的开发方式，就需要 iOS、Android、服务端各写一份代码，每一端暴露出的缺陷还不一样，开发和测试的周期都很长，随着游戏角色和玩法的增加，更新成本逐渐变得不可接受。

这两个产品失败的原因是团队对产品的理解不够深入，对产品发展过程中的技术路线考虑不足，这些问题都是行业认知的问题。行业认知是很难在产品立项阶段快速提升的。如果立项时团队的行业认知与项目不匹配，在回答"能不能做"的时候，明明不能做却自认为能做，大概率会失败。当然，产品和团队不匹配的风险并不局限于技术岗，产品、运营、营销等岗位都有可能出现。

除了能力问题，另一个现实问题是意愿。产品经理精心准备的需求被开发团队用"做不了"三个字挡回来，这种情况也是存在的。麻瓜虽然不会编程，但麻瓜可以有几个会编程的朋友。请朋友帮忙判断一下能不能做，大概要怎么做，心里有底之后再和开发团队摆事实、讲逻辑重新沟通，依然有机会解决问题。如果这样还是不能解决，那可能就不是沟通技巧的问题，而是投诉技巧的问题了。

测试

简单来说，测试团队负责验证开发结果是否与产品需求文档一致。我们前面案例的产品需求是让猴子背诵《哈姆雷特》，开发团队教给猴子的剧本却是《哈利·波特》。你别笑，我们的表达有时候是不够清晰的，就算做到了清晰也很难完全消除歧义，所以这种问题经常会出现。测试团队会检查开发团队的阶段性结果，发现这种偏差后及时通知开发团队修正，确保猴子登台演出之前能够全文背诵《哈姆雷特》。

当然，测试团队所面对的实际情况肯定没这么简单，产品经理和设计师在做产品设计的时候并不会考虑到很多极限的产品使用场景，比如用户在创建账号的时候输入了带有特殊字符的用户名，比如对老版本的兼容性问题，开发团队在开发的时候可能也没考虑到这些情况，而测试团队会基于自己对用户多样性的理解提前预判这些情况，确保开发结果在绝大多数使用场景中与产品需求文档一致，不会轻易出现错误，甚至崩溃。

产品经理在测试阶段主要参与三项工作：产品需求文档答疑、参加测试用例评审和版本验收测试。

由于沟通中可能存在问题描述模糊，或者容易产生歧义，测试团队会经常找产品经理确认产品需求文档中的需求到底是什么（产品团队的其他成员也经常会这么做），所以答疑是一项非常必要且重要的工作，且贯穿整个版本周期和整个产品生命周期。产品经理千万不要假设大家心有灵犀，在介绍项目管理的时候我们说过人与人之间的沟通是一件效率很低的事情，一定要有耐心解答的觉悟。如果想要减少答疑的工作量，就要在撰写产品需求文档的时候多投入，尽量做到详细和精确。

测试用例是测试团队的重要工具，可以把它理解为基于产品需求文档撰写出来的另一种形式的"产品需求文档"，但更精确、更周全。测试团队会保障开发团队的开发结果与测试用例一致，产品经理要在测试用例评审中保障测试用例和产品需求文档一致，这样才更容易达成开发结果和产品需求文档一致的目标。

驿站传书

驿站传书是一个模拟沟通链条的经典团建游戏。游戏参与者站成一排，全程不能讲话。游戏开始的时候，队伍末尾的参与者会收到一个信息，他需要拍拍前一个参与者的肩膀，让这个参与者转过身来面对自己，然后用肢体语言把自己收到的信息传递给他。这个过程不断重复，直到队伍开头的参与者接收到信息，这时候他需要把这个信息写到白板上让所有人看到，游戏结束。游戏参与者对比白板上的信息和自己接收到的信息会发现，原始信息在每次传递的过程中都发生了一些变化，这些变化累积到一起最终导致了巨大的差异。

即便有了详细明确的产品需求文档，产品经理也进行了充分的答疑，仔细评审了测试用例，测试团队也验证了产品版本成功通过所有测试用例，但由于这个链条中的每个环节都可能会出现一定的偏差，因此，产品版本是不是与产品经理心中的产品需求一致，最终还是要靠自己验收确认。

产品经理在验收中可能会发现两类问题，一是产品版本与产品需求不一致，比如说好的《哈姆雷特》变成了《哈利·波特》，二是产品版本与产品需求一致，但产品的逻辑或体验有不对劲儿的地方。这两类问题最好区分来看：前者是测试阶段的问题，应该标记为缺陷进行修复；后者是用户研究的问题（后面会展开讲），要解决这类问题，就要提出新的产品需求，或者对现有产品需求做变更。如果对这两类问题不加以区分，一股脑儿都当成需要被修复的缺陷，测试阶段就需要延长，当前的项目周期会被破坏，后续的版本排期也会被打乱。

运营

本书的开头举过饮水机的例子，它可以自动化地提供服务，但它的自动化是有局限的，比如一桶水空了之后饮水机没办法自动换水。绝大多数互联网产品做不到完全的自动化，它能自己上架到各个应用市场吗，它能自己提供令人满意的客户服务吗？这些产品需要完成却无法自动化完成的工作，都是广义上的运营。在产品的整个生命周期中，有三类问题需要运营解决：等不及、做不到和划不来。

等不及

在移动互联网刚刚出现的时候,智能手机除了拍照、浏览网页、玩玩单机小游戏,其实还干不了太多事情。有一天我碰巧下载了一个扫描名片的应用,对着名片拍照,过一会儿它就能把名片上的信息识别出来,存入手机通讯录。让我惊讶的是,它的识别准确率非常高,要知道有些名片会用艺术字体,有些名片会用竖向排版,它都能完美识别。我去请教懂技术的朋友,现在的光学字符识别(OCR)技术这么先进了吗?他说,这个准确率不像是OCR,从等待时长来看搞不好是人工客服在帮你识别。我有点吃惊,这么高大上的人工智能居然是人工扮演的智能?又找其他朋友打听这家公司,发现还真是人工客服在识别。

如果要开发出同等准确率的应用,项目周期可能要很久,产品概念的验证周期就变得很长,验证成本也很高。但如果是用运营来提供这项服务,大概只要几天就可以发布产品,收集用户的反馈。运营是设计最小可行产品时经常会用到的手段,大多数情况下,人了解一项新工作比机器了解一项新工作要快多了。

做不到

随着人工智能的发展,机器自动化的能力进一步增强,于是又一批工作岗位开始消失了。(为什么要说又呢?)以前停车场是有人管理的,入场的时候登记车牌或者发张卡,出场的时候根据登记表或读卡收费。现在停车场变成了自动识别车牌,自动计费,出场的时候扫码支付。以前使用产品遇到问题可以直接和客服沟通,现在通常会先遇到机器人客服。

> **思考题**
>
> 交警这个职业会在什么时候消失?

在可见的未来，有两类工作是自动化无法取代的，创意类工作以及与人沟通的工作。寻找低成本获客的渠道、联系新媒体做宣传、策划拉新活动、策划留存活动、策划变现活动，等等，都是需要依赖运营团队完成的创意类工作，自动化没办法产生这些创意。因为人是创意丰富的动物，甭管产品设计得多完善，测试用例多全面，用户总能找到奇怪的角度来使用产品，比如爱尚鲜花在电商平台刷单，当产品无法有效应对用户千奇百怪的用法时，就需要运营团队出面和用户聊聊了。人还是感情丰富的动物，修辞再礼貌的自动反馈也是机械的、冰冷的，并不能让用户足够满意，而且很多用户非常在乎产品官方的认可，这也是一种很常见的情感诉求。投诉处理、客户服务、大客户维护、参加线下用户活动，等等，都是与人沟通的工作。

拿我比较熟悉的直播产品来说，产品运营团队涉及以下工作（如图5-26所示）。

图 5-26　热猫直播的运营活动

- **获客**：接触经纪公司引进大量主播，去其他产品挖角一些主播和鲸鱼用户，有些产品团队中广告投放也是运营的工作。
- **留存**：和经纪公司、主播、鲸鱼用户保持良好的沟通，策划留存活动。

- **变现**：策划变现活动，召回流失的鲸鱼用户，邀请鲸鱼用户参加活动。

其中，创意类的工作有：

- 广告投放，发现投资回报率高的投放渠道，制作投资回报率高的广告创意；
- 策划线上活动，提供游戏化的体验，保持产品的新鲜感，提升变现效率。

沟通类的工作有：

- 通过经纪公司引进主播；
- 挖角主播和鲸鱼用户；
- 和经纪公司、主播、鲸鱼用户保持良好的沟通，解决他们使用产品中遇到的问题，处理他们之间的纠纷；
- 流失用户召回；
- 活动邀请。

划不来

当用户规模越来越大，最初"等不及"但并非"做不到"的工作会逐步实现自动化，如果符合这两个条件的工作迟迟没有自动化，一定是经济账不划算。比如一个堵住用户奇怪用法的需求开发成本高昂，但这种情况其实很少出现，运营团队处理起来几乎没有成本，那么把这项工作自动化就"划不来"。

全自动完成某项工作划不来，但又想提升运营效率、降低运营成本，怎么办？答案是开发运营工具。比如一个操作效率很高的审核平台，也许能将审核效率提升200%，一个机器人客服系统，也许能减少60%的客服工作量。之前我们说过产品需求文档中的产品需求来自各方，其中就包括运营团队，这些需求需要产品经理判断要不要做，如果做的话排期到哪个产品版本做。

由于等不及、做不到、划不来这三类问题长期存在，运营团队并不会随着产品用户规模扩大而减员，通常会持续增员。随着运营团队规模的扩大，它会逐渐分化成推广、审核、客服等多个团队（每个最小团队最好不超过9个人），分化之后所剩下的工作内容就变成了狭义上的"运营"。

5.4 评估

项目按时完成了，除了开香槟庆祝，产品团队还应该做些什么呢？其实版本发布意味着"假设—实验—评估"这个循环已经走完了假设和实验，来到了评估阶段。为了更好地迎接评估阶段，在撰写产品需求文档的时候我们已经事先明确了项目目标，现在要做的就是评估实验结果是否达到了项目目标。如果达到，说明相应的假设成立；如果没达到，说明相应的假设存在问题需要进一步的分析。

评估是一个项目的最后阶段，但不是这些假设的终点，我们可以在评估中发现新的实验方案或者新的假设（比如验证成立的假设能不能推广到更多的场景），在后续项目循环中开展新的实验。

评估的精度和速度

随着产品的反复迭代，产品的复杂度通常会呈现出不可逆的熵增，复杂度越高，产品可优化的方向就越多。一个开发版本通常会包含多个假设，但它们并不一定都具有优化效果，可通过 A/B 测试来验证（见图 5-27）。比如版本 1.3 包含假设 X、Y、Z，和之前的版本相比，发布后的留存率提升了 4%，说明我们实现了优化，然后就开始下一个版本的工作。如果做更细致的 A/B 测试，我们也许会发现，X 将留存率提升了 5%，Y 将留存率提升了 3%，Z 导致留存率降低了 4%。留下 X 和 Y，去掉 Z，1.3 版本的留存率最终提升了

8%。跟不做 A/B 测试相比，提升翻倍，这就是提升评估精度的效果。

Custom Ranking salesRank Test #78		15 May 2018	18 May 2018	Stopped	
Scenarios		Searches	Users	CTR	Conversion
A atis-abtest-default		86,269	55,501	19.84%	13.34%
atis-abtest-salesRank		36,972	22,694	5.20% ▲ 20.87%	4.00% ▲ 13.87%
Traffic split: A 70% B 30%		Achieved confidence:		✓ 100.00%	✓ 98.74%

图 5-27　Algolia 的 A/B 测试服务

助理级产品经理在堆砌功能的时候也许是在渴望"银弹"：下一个功能一定能引爆流行，实现爆发式增长。一次性提升数据 20% 的"银弹"可能可遇而不可求，但一个数据如果涉及 5 个环节，每个环节提升 5%，105% 的 5 次方是 128%，比 20% 的预期还超出 8%。做产品的时候当然不能放弃投入产出比超高的"银弹"，但是在没有"银弹"的时候，也不能守株待兔。踏踏实实做好优化，就可以实现可观的增长。

假设越多，A/B 测试平台就越繁忙，甚至可能成为限制产品迭代速度的瓶颈。为了提升测试速度，Netflix 发明了交织测试（interleaving），把不同策略所推荐的内容交织在一起展示给用户，从中快速识别出优秀的策略。这种方法只需要 1000 个样本就可以判断出是 A 好还是 B 好，置信区间 95%，而传统的 A/B 测试方法要达到同等的置信区间则需要 100 000 个样本。通过交织测试快速筛选出表现出色的假设后，Netflix 再对它们进行样本量更大的传统 A/B 测试。

A/B 测试很有效，但容易走向两个极端。有些人对自己的假设信心满满，觉得不需要 A/B 测试，绝对能提升产品的竞争力，但不做测试怎么能知道具体提升了多少呢？万一这个假设对产品是负优化呢？如果开发工程师说不用测试，直接发布，绝对不会崩溃，产品经理要接受吗？还有些人沉迷于 A/B 测试，拿着锤子的人看什么都像钉子，提不出靠谱的假设，A/B 测试过程中产生了大量的伪工作。

AppSumo 创始人诺亚·卡根（Noah Kagan）分享其 A/B 测试经验时说，他们觉得首页的宣传语会影响转化率，先后尝试了 8 版文案，却没有任何一版产生明显的数据变化。从中他们得出了什么结论呢？其实，他们并不知道为什么没有任何变化，可能用户并不阅读文字？

假设和 A/B 测试的关系，有点类似于手机硬件和跑分软件的关系。一个假设就像是对手机硬件的一些修改，它可能让手机更强了，也可能让手机更弱了。跑分软件可以告诉产品经理引入这个假设后分数的变化，这就能有效避免产生负效果的假设持续损害产品竞争力。但跑分软件并不能提升硬件的分数。同理，A/B 测试也无法拔高假设所能产生的效果。千万不要觉得既然什么都能测，就不用认真思考用户需求和产品瓶颈了。

除了不能拔高假设的效果，A/B 测试有时还会给出错误的结论。当我们在一个方向，比如内容的排序分发，想了很多假设，做了很多测试后，它的效果有了一定提升。这时我们发现了另一个完全不同的方向，比如内容的推荐分发，我们做了推荐分发的最小可行产品，将它和排序分发进行 A/B 测试，很可能得出推荐远不如排序的结论。而实际情况却是排序分发的效果已经接近天花板，推荐分发的天花板远高于排序分发。如图 5-28 所示，方向一代表排序分发，方向二代表推荐分发，团队在方向一已经迭代增长了一段时间，这个时候切换到刚开始探索的方向二会面临效率暂时降低的问题。

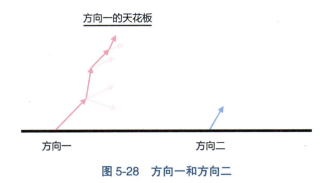

图 5-28　方向一和方向二

增长和发展是两码事，瞄准一个方向不断努力总会有增长，发展则是切换到天花板比当前方向更高的方向。在比较不同方向的时候，如果我们只看 A/B 测试的结论，就会陷入"创新者的窘境"，有潜力的新方向在萌芽期就被成熟的老方向打败了。1975 年柯达发明了数码相机，但觉得它能产生的利润远不如胶片多，会导致公司整体利润下降，于是雪藏了这项技术，时过境迁，2013 年柯达宣布破产重组。

怎么判断方向一和方向二的天花板呢？每个方向的天花板并不是抬头就可以看见（如果能看见也就没什么机会了），我们不断建设楼梯往上走，有一天发现撞到头走不动了，这时候我们所处的高度就是天花板的高度。坨厂的增长总监李威说："这就是商业的魅力所在，方法和数据并不能给出所有答案，选择哪个方向取决于我们内心相信什么。"

数据分析

我大概是在初中的时候开始接触速冻饺子这种食品，寒暑假的时候中午一个人在家，偶尔会煮一袋饺子吃。当时我妈妈教给我的方法是，饺子煮到飘起来就放半碗冷水，如此重复三次后就可以吃了，可在实际执行的过程中，有时候煮过头破皮了，有时候夹生了，煮到完美状态的情况并不多。后来这个问题得以解决靠的是饺子外包装的变化，包装袋上印上了煮食方法：沸水下锅后加盖，中火煮 5 分钟，然后揭盖中火再煮 1.5 分钟。这两个简单的数据，极大提升了我煮饺子的成功率，基本上不会再失败了。

进入大学后，学校里有个传说，某位老教授年轻的时候"上山下乡"被分配到窑厂烧窑，窑厂给教授分配的老师傅说，这可是个技术活儿，没有几年的积累根本掌握不好火候，慢慢学吧。结果，教授用了一周的时间，就达到了和老师傅一样的技术水平。秘密是什么呢？教授随身带了一支温度计。

如果没有数据，我们想要的 A/B 测试是无法实现的，功能渗透留存矩阵也无从谈起。数据对于产品经理有两大价值，一是了解产品的整体经营状况，及时发现问题，解决问题；二是通过数据来分析评估中所发现的问题，找到调整方案，进行新一轮的尝试。

产品经理都会建一些数据看板，比如"获客—激活—留存—变现—传播漏斗"（AARRR 增长漏斗），比如使用时长、同时在线用户数、发帖量、成交量等关键指标。这些数据看板可以让产品经理了解产品的整体状况，也能在产品出现异常的时候及时发出警报。横向来看，我们可以将这些数据和竞争对手的数据做比较，判断自己的效率是否落后了；纵向来看，我们可以将这些数据和过去的数据做比较，看看是否在保持增长。如果拿看病来类比，这些数据就像是温度计，可以给产品测一测"体温"，看看"发烧"了没有，但不能进行更深入的诊断，对症下药就更无从谈起了。

前面讲提升行业认知才能发现瓶颈，才能将产品带到新的高度，还讲了功能渗透留存矩阵可以帮助我们聚焦。功能渗透留存矩阵就好比血液检测，和温度计相比，通过血液检测能进一步了解产品。如果要再进一步呢，我们还需要超声波、核磁共振、核酸检测等。

现代医学起源于解剖学，人类发现心脏和血管后，建立了血液循环理论，为医学大厦打好了基础。同样，做产品也需要为产品构建分析工具，分析产品得到结论后才能建立行业认知。增长漏斗是大家都了解的基础知识，它并不能解决如何提升获客效率、如何提升留存率等问题。解决这些问题需要我们对获客渠道和用户需求有自己的认知，而数据是建立认知的基础之一。

以视频网站的付费页为例，图 5-29 左侧是爱奇艺 VIP 会员购买页，右侧是腾讯视频 VIP 会员购买页，国内视频领域两大巨头的付费选项差异这么大，是不是有点意外？

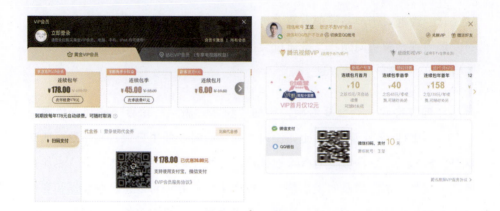

图 5-29　爱奇艺的 VIP 会员购买页与腾讯视频的 VIP 会员购买页截图

这两个付费页的不同点有价格、文字（新用户专享、新客首月 6 元等）、设计（颜色、选项个数等）和其他（支付方式、登录前置还是后置等）。额外强调一个截图状态下无法体现的明显区别，爱奇艺的付费页可以在未登录的状态下打开，但付费二维码是不可用状态，点击二维码上的"请点击刷新"会跳出登录界面，而腾讯视频的付费页则需要用户登录后才能打开。

考虑到不同类型的用户（万一有大数据杀熟呢）所看到的文字和价格可能是不同的，变量就更多了。面对这么多可调整的变量，拍脑袋可以确保付费率和每用户平均收入（ARPU）提升吗？

在追求效率这条道路上，科学方法比拍脑袋更有效。通过测量获得数据比拍脑袋有效，通过 A/B 测试验证一项实验是正优化还是负优化也比拍脑袋有效。场景越复杂，就越会发现想拍脑袋都下不去手，图 5-30 形象地展示了我们的困境。

为自己的产品量身定制分析工具，和为自己的产品量身定制最小可行产品类似。分析工具本身就是行业认知的一部分，确定要分析的问题，找到量化标准来分析问题，这些只能靠自己摸索。在行业认知之外，我提供三个笼统的数据分析思路，一是从解决问题出发，二是从整体到群体再到个体逐级深入，三是数据平台需要不断发展。

我们面临的问题　　　　　我们拥有的工具

图 5-30　我们的困境

从解决问题出发

获取数据和查看数据都是为了使用数据得出新的假设进行新的实验，如果只停留在看数据，产品并不会发生变化，产品的市场份额也不会自动增加。所以，从解决问题出发来获取数据、查看数据、使用数据，才是有意义的。如果没有需要解决的问题，发现产品隐藏的瓶颈就是需要解决的问题。这时候可以尝试从用户旅程图（用户是从哪儿来到产品的，在产品中是怎样一步步使用的）着手，看看有没有导致用户卡住的低效率环节。

如果所分析的问题没有价值，分析技术再强大，分析得再深入，也只是在足球场上表演了一套高难度的艺术体操，"瓶颈问题们"面面相觑、"一脸黑人问号"，对改变产品所面临的困境毫无帮助。比如产品数据出现下滑，分析下滑原因太难，于是开始做新功能的 A/B 测试，试图用新的增长来抵消下滑，这就是在逃避问题。解决下滑的问题所带来的数据恢复，加上新功能带来的增长不是更好吗？在激烈的竞争中，产品所积累的"暗病"可能就是效率落后的原因。

有价值的问题通常都是困难的问题，比如获客和变现互相踢皮球，获客说变现效率太低，变现说获客拉来的用户都是铁公鸡，到底是谁的问题，或者说各自的问题分别是什么？

有一段时间我很喜欢看修电脑的视频，一台电脑不能开机了，可能的原因有很多，也可能是多因一果（越宏观的指标越有可能出现多因一果，比如活跃用户规模、用户生命周期价值等）。如何快速定位问题，是维修能不能赚钱的关键，定位问题之后，维修成本和配件成本都是可控的。但是，如果维修师傅经验不足，定位问题花了太长时间，工时费过高，就可能超出了客户的心理承受能力。

通过数据分析定位产品的问题很像修电脑。如果获取数据做得比较好，问题发生前后的数据是完备的，那么总有办法确定问题所发生的时间点和原因，不确定的因素只是定位问题所需要的时间。一个问题分析了一段时间后没有结果，这时又要写新的产品需求文档，分析工作可能就会半途而废。如果我们掌握了一些高效的分析方法，比如细分，就能有效避免这类情况。我们可以把新增用户细分为口碑获客用户和广告获客用户，其中口碑获客用户的付费情况可以用来分析变现的问题，广告获客用户的付费情况相对口碑获客用户的比值可以用来分析广告获客问题，这些数据都摆出来之后自然就没球可踢了，谁的问题谁认领。

提升自己定位问题的能力，让定位问题所需时间变短、可控，是解决不敢面对问题的关键。另外，我们可能会面临情感压过理性的局面，比如我们很容易觉得做加法有天然的正确性，每个加法都有自己的理由，而做减法则有天然的割肉感，这些非理性的情感会阻碍我们面对有价值的问题。

从整体到群体再到个体

如果不对用户进行细分，我们看到的留存就只是整体留存，就没办法分析和解决前面提到的获客跟变现踢皮球的问题。稍微细分一下用户群，就能看到新增用户的获客成本、留存率和付费率，这对评估获客效率非常关键。再按地域细分，能看到不同地区新增用户的获客成本、留存率和付费率，继续细分下去还可以给每个用户建立画像，有了个体用户的画像和行为，推荐系统才能搭建起来。但是，也不要一上来就只看个体。我们需要先通过整体和群体全面了解产品，找到产品的增长瓶颈后，再做更细致的工作。

数据平台需要不断发展

运动员和电竞选手会通过观看比赛回放来分析自己的问题，产品经理也可以通过回放用户的行为来分析他们所遇到的问题。产品经理对数据的需求不能被工具所限制，这种情况一旦发生，产品经理的行业认知就被局限了，因此，要想办法更新和打造自己的工具。分析工具、运营工具、项目管理工具等内部工具都是非常重要的产品，和面向用户的产品一样应该有产品需求文档和产品版本。

以坨厂为例，产品开发阶段只有业务数据库，上线的时候使用了第三方用户行为分析平台。随着产品发展，用户行为分析平台开始暴露出能力不足的问题，比如它不能打通对用户和物品的分析，而业务数据库是面向互联网服务设计的，调取分析数据不仅占用开发资源，还容易影响线上业务的运行。于是坨厂开始建设**客户数据平台**（Customer Data Platform，CDP），如图 5-31 所示，把用户行为分析平台的数据和业务数据库的数据整合到数据仓库中，提高分析效率，调取数据的工作可以由数据平台的运营经理或产品经理自己操作，不再需要占用开发工程师的时间。

大厂的发展路线可能不同，它们一开始就有客户数据平台，业务数据库的内部数据和外部机构提供的数据直接汇总到客户数据平台，分析工具和运营工具都基于客户数据平台进行开发，在分析中会使用外部数据，但不需要使用外部的分析工具。

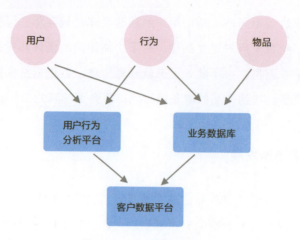

图 5-31　坨厂的数据平台

我参考 GrowingIO 咨询与服务副总裁邢昊的分享，制作了一个数据能力自测表（见图 5-32），将团队对数据的应用能力划分为 5 级（类比自动驾驶技术级别的 L1~L5）。L1，无数据，工作拍脑袋——想到什么做什么，做成什么样不知道。L2，无数据，工作系统化——知道该做什么不该做什么，但做成什么样还是不知道，开始做收集数据这项工作。L3，看数据，工作系统化——可以利用数据发现问题与分析问题。L4，用数据，工作系统化——可以对用户、内容、广告进行分群分析，具备了 A/B 测试的能力。L5，用数据，工作自动化——对用户、内容、广告的分析进一步细化到个体，并且跟踪每个个体的全生命周期数据，建立起自动化的推荐系统、广告投放系统等。大家可以通过它了解一下自己团队目前所处的位置。

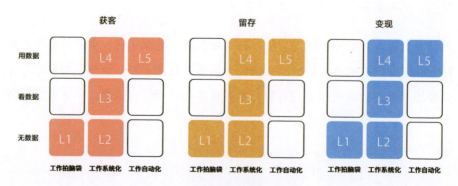

图 5-32　数据能力自测表

在这张图中，工具决定数据能力的上限，这就好比一家医院有很多医术高超的医生，但只有温度计，没有其他医疗设备，是评不上三甲的；团队能力决定数据能力的下限，这就好比一家医院设备齐全、先进，但只有无法做出正确诊断的实习生，也无缘三甲。

▶ **看数据的团队输给了不看数据的团队？**

我有两个朋友都做直播带货，就称他们为 A 团队和 B 团队吧。A 团队不怎么看数据，连财务账目都是一团糟，库存也算不清。B 团队对数据很敏感，还会运用 A/B 测试提升粉丝转化率。结果却是，A 团队很赚钱，B 团队勉强求生。

坨厂内部聊到这个事情，有人提出："过于追求数据是不是容易忽视用户需求？"增长总监李威说："其实他们都看数据，A 关注行业数据、排行榜这些外部数据，这些数据决定增长漏斗顶部的效率，B 关注内部数据，这些数据处于增长漏斗的中下部分。A 团队比 B 团队发展好，是抓住了看数据的重点。"

用户研究

有些问题数据可以给我们答案，但有些问题数据没办法给出答案。

我入职腾讯的职位是 QQ 邮箱产品经理，当时 QQ 邮箱的留存数据并不好，而且毫无口碑可言。产品团队由我和刚刚被收购的 Foxmail 团队构成，对于这个相对成熟的产品来说全是新人。快速找到当时最紧要的产品问题，就成了我面临的第一个考验。我想到的办法是流失用户问卷调查。先和技术同事一起列出了一份近期流失的 QQ 邮箱用户名单，设计好回访问卷，然后找到客服中心的主管，请她帮忙分配一些人力回访这些用户。整理出第一批问卷结果后，对问卷内容进行调整又做了第二版问卷。问卷调查给出的结果非常清晰，用户流失的主要原因有两个，一是垃圾邮件太多，二是病毒邮件太多（这两个原因导致的流失远超其他原因）。我把防垃圾和防病毒这两个需求提交给QQ邮箱开发团队，得到的估时反馈是要开发两三个月，无所事事的我就帮忙去写QQ浏览器的产品需求文档了。

让我印象深刻的另一个案例是第一次使用腾讯的体验观察室。当时我们在做Q吧产品，在一些流程的设计上团队内部有分歧。用户研究中心派驻到我们产品组的交互设计师说，其实这个分歧不难解决，邀请一些目标用户来体验观察室试用我们的产品，就可以知道设计方案有没有问题了（如图5-33所示）。

图5-33　配备了单面镜的观察室

用户由研究员陪同在体验观察室里完成研究员交给他的一些任务，研究员不能提示用户如何操作产品，产品团队在观察室的隔壁，透过单面镜和显示器可以看到用户的操作情况。测试开始前，大家还在争论，坚持自己的观点，结果，第一个用户被流程卡住，第二个用户被流程卡住，所有人都不讲话了，语言层面的推理在用户无法完成任务面前是苍白的。大家默默回到自己的座位之后，不但很快解决了问题，整个团队也更同心协力了，因为我们都充分认识到自己的同理心还远远不足。

用户研究和数据分析有交集，但不是一个包含另一个的关系，比如A/B测试和功能渗透留存矩阵都是利用数据进行用户研究的方法，调查问卷和体验观察室就是不依赖于数据分析的用户研究，数据平台可以给产品团队提供展现产品整体经营状况的现金流报表，这个报表并不是用户研究。

用户研究是贯穿产品整个生命周期的一项重要工作。按照问题的开放性由大到小（研究难度也是由高到低），用户研究解决这三类问题：

- 发现产品概念
- 发现产品瓶颈
- 验证假设

这三类问题看起来很简单，也很好记忆，但这只是字面知识，不是看过后立马就能实践的经验。当我们看数据的时候，筛选出来的数据集不同，解读方向不同，就会得出完全不同的结论。当我们与用户交流的时候，提出的问题不同，提问方式不同，也会得出大相径庭的结论。提升用户研究的能力需要在实践中精进一项或多项用户研究方法（比如调查问卷或 A/B 测试），还需要对用户有深入的了解。

不盲从用户的建议

除了在腾讯做产品，我还在腾讯的战略发展部工作过一段时间，其中有一项工作内容非常有趣。客服中心会把一些执意要见 Pony 的进言型用户转给战略发展部处理，可能是怕错过一些不世出的天才吧。我接待过三四个这样的用户，结果证明，没有一个用户能提出有价值的建议。包括后来我自己创业，也有进言型用户非要坐飞机过来面谈，好说歹说变成网上沟通，结果证明并不靠谱。

李诞讲过一个吐槽飞机乘客的段子：飞行员播报，因天气原因暂时无法降落，需要盘旋一小时。一位大哥按铃叫来空乘人员，指着窗户说，我看这明明就可以降落，你这都不敢降落，当什么飞行员？你看人家《敦刻尔克》那飞行员，没油都能落！我都不知道这人咋想的，神经病，质疑人家飞行员。

人家飞行员有雷达，有塔台，有各种设备，你一个乘客你有啥，小桌板、遮光板、枕头、毛毯，你还可以调节座椅靠背……

这个段子的笑点在于洞察了生活中的信息不对称，乘客大哥想用肉眼观测到的信息挑战飞行员通过专业设备和专业团队获取的信息。在进行用户研究时，产品经理要观察用户在使用产品过程中遇到的问题，分析原因，寻找解决方案，而不要盲从用户的建议（这一点《率土之滨》团队就做得特别好）。

渐离式观察和体验

关于用户研究，还有一点需要特别注意：产品经理和产品团队通常都不是自己产品的主流用户。思晨创意写作的创始人陈思说阅读可以分成两种，一种是入迷式阅读，一种是渐离式阅读。如果我们想通过阅读来提升写作技巧，就要使用渐离式阅读。我理解入迷式阅读就是读者把自己代入角色的视角，渐离式阅读就是读者把自己代入作者的视角。前者能体验故事，后者能看清作者是怎么编织故事的。产品经理要注意避免自己陷入入迷式的体验状态，因为今天的互联网是非常下沉的，绝大多数人能用手机上网，主流用户并非像产品经理一样高学历高收入，产品经理自己对于产品的需求不能代表产品主流用户的需求。产品经理需要对产品保持渐离式的观察和体验，从产品所有干系人的角度来一一考虑产品所面临的问题，并在这些问题中做出取舍。

对于一些面向专业用户的产品，渐离式的观察和体验可能存在效率和深入度两方面的问题。苹果公司有一系列面向各类专业用户的软件和硬件：Final Cut Pro、Mac Pro、MacBook Pro、iPad Pro，等等（或者它们要与更专业的设备搭配使用），但早期苹果内部并没有深度使用这些产品的各类专业用户。与外部专业用户沟通存在各种各样的问题，比如他们的时间非常宝贵很难保持密集的沟通，比如他们手头正在进行的项目有保密要求不方便透露太多信息，总之沟通效率很低。苹果自己有拍宣传片、广告片、制作发布会 Keynote 等需求，以前是外包出去，到了 2018 年苹果招募了一批顶尖的专业用户，组建了"专业工作流团队"（Pro Workflow Team）。专业工作流团队有三方面的价值，一是解决公司在 3D 动画、视频剪辑等方面的专业需求，二是软硬件团队可以贴身观察他们的工作流发现产品的问题，三是公司可以根据专业工作流团队的需求规划 Pro 产品线未来的方向。

苹果硬件工程高级副总裁约翰·特努斯（John Ternus），同时也是专业工作流团队的老大，举过一个通过观察专业工作流团队成员使用产品从而解决用户"痛点"的例子。3D 动画师在微调动画细节的时候经常需要打开一个窗口，这个窗口所涉及的运算量并不是太大，但它需要 6 到 10 秒才能打开，而它每天要被打开接近 100 次——这太要命了。发现问题之后，软硬件团队很快定位到这是显卡驱动的问题，通过修复问题大幅提升了 3D 动画师的工作效率。

这个显卡驱动问题通过测试是很难发现的——电脑硬件本身没有任何问题，软件的各项功能都正常，窗口的打开时间看起来也"可接受"，3D 动画师却在抱怨："这台电脑实在太慢了！"如果不进行深入的用户研究，如果没有专业工作流团队的帮助，产品团队别说解决问题了，连定位问题可能都做不到。

5.5 是否跳出项目循环

在聊确认产品概念的时候我们分析过，做产品遭遇失败是大概率事件，获得成功是小概率事件，这个结论同样适用于大公司做新产品。大公司能提供前期的资金、先进的工具、完成冷启动的流量，但不一定能给新产品分配老板级产品经理，产品团队可能还会被路径依赖（过去成功的经历）所束缚，限制了获客、留存、变现的创新。这些因素叠加起来，含着金汤匙出生的产品也需要做好失败的准备。如果我们经过评估和多次实验后发现一些假设不成立，产品无法达到预期的市场份额，就要跳出项目循环，考虑其他产品概念，甚至考虑加入其他产品团队了。

产品生命周期

做产品是一个"假设—验证—赢得市场份额"的循环,如果几轮循环过后市场份额不再增长,或者亏损无法收窄,产品的发展就遇到了困难。如何处理增长失速的产品?我们可以结合产品的生命周期来看(如图 5-34 所示)。

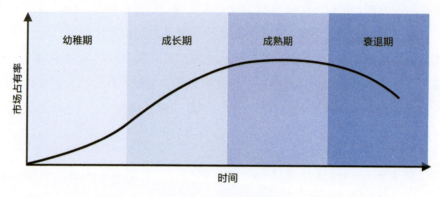

图 5-34 产品生命周期

产品的一生可以分为 4 个阶段:幼稚期、成长期、成熟期、衰退期。产品在幼稚期会尝试获取用户,以此验证用户价值;到了成长期用户规模和市场份额快速增长,产品可能开始实现盈利;当产品占据了一定的市场份额,却无法在获客、留存、变现、资本这 4 个杠杆进行大的创新,就进入了成熟期;当市场上出现了能更好地满足用户需求的新产品,产品就进入了衰退期。

如果产品停滞在了**幼稚期**,第一种可能的情况是获客无门,我们没有找到获客杠杆,第二种可能的情况是最小可行产品的留存很差,我们的产品概念并没有抓住真实的用户需求。如果想不到解决这些问题的新假设,就应该关停产品。

发展来自探索

项飙在《跨越边界的社区》中说,不管是一个人还是一个民族,发展主要来自不断地探索，而不是事先一揽子设计。我们的产品能不能赢得市场份额，首先取决于能不能找到会说话的猴子，这种假设成立的概率是很低的，所以很多产品在幼稚期就要面对如何转型这道题。

思考题

如果支撑一个产品概念的所有假设都很容易成立，这意味着什么？

2020年3月，知识星球注册用户突破2000万，回顾从小密圈到知识星球走过的4年，创始人吴鲁加说："能撑下来，也算奇迹。"4年间，知识星球的品牌口号改动了4次：

- 小圈子，更亲密；
- 移动协作利器；
- 开心工作，安心分享；
- 连接一千位铁杆粉丝。

这4个口号对应3个产品定位。口号1和口号2是面向企业用户的产品定位，解决企业内部分享文档、沉淀讨论、协作办公的需求。口号3是面向小团队的，解决同时管理多个微信群太麻烦的问题。口号4是面向内容生产者的，解决粉丝管理和变现的问题。从最初"面向企业的协作工具"这个产品概念出发，经过两次转型和一次改名之后，知识星球终于赢得了属于自己的市场份额……这样的描述不足以还原转型的风险和痛苦，我们试试加点特效——小密圈团队造好一辆汽车后高高兴兴地开着它上路了，一脚油门下去，却发现汽车跌落悬崖，团队手忙脚乱地把汽车拆散拼装成了一架飞机才幸免于难，可惜这架飞机不断滑落无力拉升，眼看就要坠入大海了，改名为知识星球的团队再次把它拆散拼装成了一艘快艇，这回终于可以平稳地行驶在海面上让大家喘口气了。

世界不断变化，竞争格局也不断变化。QQ获得市场份额的时候并没有想到自己能通过 QQ 秀和游戏变现，阿里巴巴获得 B2B 市场份额的时候并没有想到可以做淘宝，诺基亚风光无限的时候并没有想到会出现 iPhone，拼好货快速增长的时候并没有想到自己会并入拼多多，我们在 2019 年并没有想到会遭遇新冠肺炎疫情。我们说产品经理的一大工作是"持续优化整体产品定位"，是因为产品在幼稚期、成长期、成熟期和衰退期都可能遇到无法匹配用户需求的情况。这种不匹配在产品的幼稚期非常普遍，但绝不意味着走过幼稚期后就不再发生。

▶《结网 2》：写作来自探索

本书的写作过程也是一个"发展来自探索"的案例。过去几年间，我时不时想写新版本，又觉得自己懂得实在太少了，没什么可写的，无法形成一本书。直到图灵教育创始人谢工和刘江两位老师找到我说，《结网》出版十周年了，其中的案例虽然是读者依然需要学习和研究的，但最近几年互联网飞速发展，是时候复盘一下新案例了。十年前的《结网》能成书，离不开刘江老师对我的指导和鼓励，他这时候的提醒让我开始直面问题，下定决心更新一个与时俱进的版本。在花了一些时间和本书编辑以及身边的朋友们讨论后，发现可写的内容挺多的。

全书的写作过程就是迭代一系列最小可行产品，从目录到细化的章节目录，从每一章都只有一两句话到逐步扩充，它一开始就包含了所有我想讲的内容，只是线条很粗。评估也是从目录阶段就开始了，如果你觉得现在的目录看起来还算清晰有逻辑，那是因为多位朋友给了多轮意见，最初它只是一团乱麻。有了更细化的章节目录之后，我发现自己的知识盲区还不少。写书对我而言也是一个逼着自己学习的过程，要把事情讲清楚，找到恰当的配图或案例很有挑战性，需要查阅很多资料，也需要向很多人请教，这些事情比玩游戏有意思多了。

很感谢朋友们在线条由粗到细的过程中给予的肯定和建议。写书是个很孤独的过程，同一时间地球上可能只有一个人在写作某一专业细分领域的内容。做产品也是类似的，没有多少人理解你的产品，理解的人通常是竞争对手，也没法深入交流，没有热情的反馈很难坚持下去。在书稿迭代的过程中，我发现写书并不影响工作，反而通过升级行业认知提升了工作效率。以前想得不够清楚的问题，写书的时候跳出问题本身，思考一些更通用的方法，反而能更有效地解决工作中的具体问题了，进入良性循环的状态后就越发沉迷，废寝忘食。如果不开始，更新《结网》只停留在一个想法，这些事情都不会发生。

虽然一开始的计划是用新案例替换一些过时的案例，但从重新思考产品经理的定义和全书的目录开始，本书就和老版本分道扬镳了，最终大概只保留了《结网》一成左右的内容。《结网》见证并记录了桌面互联网到移动互联网的过渡期，而且有不少《结网2》中没有覆盖到的内容，比如收集竞争情报的具体技巧等，今天依然有阅读的价值，《结网2》并不能完全替代《结网》。

如果产品停滞在了**成长期**，主要问题可能出在变现上。产品靠资本杠杆或口碑获客扩大了市场份额，但变现杠杆不足以实现收支平衡和盈利，团队剩余的资金越来越少，接近枯竭。

▶ 价值2490万的失败经验

2019年8月坨厂立项了一个海外聊天室的产品。这个产品2019年亏损440万，2020年亏损1800万，2021年1月亏损160万，1月底公司关停产品，解聘相关员工，待付赔偿金90万，合计亏损2490万。如果亏掉这些钱没有换来任何认知，那就真的太亏了，所以有必要好好复盘一下，争取把后面的产品做好。

失败的首要原因出在筛选产品概念环节。海外，意味着海外营销和海外运营，对此我们没有任何经验。立项时的想法是边干边学，边干边招。可产品一旦运转起来，学习的试错成本就要加上团队日常开销的成本，代价高昂；招人方面就更不可控了，新产品有风险本来就难招人，慢慢招人产品等不起，着急招人就会降低标准，导致招进来的人无法补足团队能力短板。不管是学习还是招人，都在大量消耗资金，也在消磨团队士气，进一步降低了产品的成功概率。

要想产品成功，产品和团队匹配是前提，匹配不一定会成功，但不匹配大概率会失败。如果对于产品而言团队能力有短板，要么别立项，要么招人补足短板再立项。

海外运营和海外营销这八个字可能不太直观，怎么就影响产品成败了呢？我举个很小的例子，我们的产品上线没多久就赶上了新冠肺炎疫情，海外的土豪们进入了居家隔离状态，不方便充值。有本地团队的公司会派人上门去土豪家收款，然而疫情期间我们怎么出国组建海外运营团队呢？这还不算线上充值要交30%的苹果税。

既然这个产品大概率会失败，有必要亏损2490万吗？没必要，这涉及很多非理性决策。第一个非理性决策是在冷启动阶段就对团队进行扩容。2019年8月到2019年11月是开发阶段，2019年11月到2020年3月是冷启动阶段。冷启动刚刚完成，用户能在产品里玩起来了，留存率数据值得一看了，然而此时疫情的影响导致公司其他产品出现亏损，为保持这些产品收支平衡，需要优化人员。按照聊天室的发展势头，后面可能要招人，纠结了一下之后公司决定把其他产品的人员挪到聊天室产品，聊天室团队从24个人变成了39个人，扩大了63%。从账面上看，公司就只有聊天室产品亏损，其他产品很快恢复了收支平衡。

扩容带来很多问题。其中的一大问题是，由于沟通所带来的损耗，团队规模和团队产出并不是线性关系，而是边际效用递减，人力成本增加了63%，团队生产力的增量远没有这么多。为了让大家都有事情做，产品和运营要提出更多需求，于是低效打磨的需求越来越多。产品完成冷启动之后，并没有顺利进入高速增长阶段，收入增长没有人力成本增长快，产品负责人的精神压力变大，焦虑的时间变多了，思考产品的时间变少了。实现一些容易操作的局部增长可以缓解焦虑，这时候就很容易陷入用战术上的勤奋掩盖战略上的回避的状态。其实冷静想想，增长漏斗底部的优化弥补不了增长漏斗顶部的问题，但人就是会有冷静不下来的情况。

什么情况下需要扩容呢？团队扩容应该来自产品增长的需要，并且与增长幅度相匹配。团队扩容不是实现增长的手段，更不是解决公司其他产品问题的手段。面对压力，人难免会焦虑，但焦虑不能解决问题，倒是解决个人的焦虑问题有可能会间接解决产品的问题，因此建议有需要的产品经理可以考虑寻求专业心理咨询师的帮助。产品的成败在于人，人的心理健康如果出现问题，产出就会下降，产品失败的概率就会变大，不要忽视这类问题。

第二个非理性决策，或者说第二类一系列非理性决策，就是没有贯彻80/20定律。比如低效打磨，就脱离了渗透留存矩阵中的核心体验，实际上这些细枝末节的体验根本不影响产品市场匹配的验证。Clubhouse就那么几个功能，产品团队的时间和精力都花在了刀刃上，Clubhouse就变成了留存和口碑双高的产品；我们做了"一火车"功能，却连好友列表的在线状态都没实现好（当然，这也有产品概念不同的原因，关系链对娱乐性聊天室而言没有社交聊天室那么关键）。这其实还牵扯到一个"抄作业"的问题，因为不是原创产品，所以团队总觉得自己的产品和成熟产品相比差距很大，不"抄全"不舒服。而"抄全"这件事就意味着团队放弃了对用户需求的独立思考，"不舒服"这件事则表示团队决策的感性压过了理性。比如在产品的打开速度这个功能上，因为找不到行业标杆，研发人员断断续续用了4个月的时间进行优化，等找到行业数据后发现，前面2个月的优化其实已经够用了。更严重的问题是产品的瓶颈早就从留存和变现转移到了获客，但营销的力度没跟上。

2020年3月到2020年6月是产品的低效打磨阶段，人力成本与营销成本的比值是8∶2，这个资源错配问题的一部分原因是团队扩容，但更重要的原因是团队没有从整个产品的角度寻找瓶颈。这时候公司的现金流开始紧张，资源紧缺是迫使人认真思考的良药，团队终于发现了团队扩容和资源错配的问题，优化掉了一些人员，加大了对营销的投入。

2020年7月到2021年1月是产品冲刺收支平衡的阶段，团队从39个人精简到25个人，人力成本和营销成本五五开。期间获得了很有希望的数据，我个人也追加了200万资金以做更多营销测试，但是运气不好，到了2021年1月，产品不但没有接近收支平衡反而急转直下，只能无奈关停。

第三个非理性决策是关停时机的判断。根据展望理论的反射效应，投入越大，就越难接受产品失败，越想挽救产品。但是就算穷尽各种极限操作，产品成功的希望也是渺茫的，等到必须要关停产品的时候，已经伤及公司的现金流和整体士气，哪怕关停后公司整体现金流已经为正也于事无补了。

所以，团队在立项阶段就应该把关停方案考虑进去，比如把赔偿金加入预算、设置关停触发条件等。如果团队提前做好了关停预案，在扩容上就会更谨慎，在关停的时机选择上也会更理性，那么关停实际发生时对整个公司和其他产品的影响就可以降到最小。

成功的复盘往往只体现成功相关的因素，失败的复盘往往只体现失败相关的因素，其实都不是整个项目的全貌。虽然产品失败了，但坨厂增长总监李威对聊天室团队的评价很高，说这是他工作以来共事过最优秀的团队，团队的合作精神、看数据与用数据的能力、学习能力，都非常棒。在这个故事的最后，就用坨厂财务总监彭兰红的寄语结尾吧！

凡是过往，皆为序章。

凡心所向，素履以往。

为了避免不好的示范，再稍微补充一下资金投入的问题。我能给产品追加200万投资是因为这笔钱并不会影响我的生活，我的家人也支持我尝试一下。我见过一些创业者卖房维持产品，他们的投资人和朋友作为旁观者其实很反对这种做法。在资金耗尽之前，比较靠谱的变现假设应该都已经验证过了，剩下的都是不太靠谱的假设，甚至根本不存在新的假设可供验证，创业者只是想通过这种办法多撑几个月。把命运交给奇迹已经不是在做产品而是买彩票了，我们做产品的目的是创造财富还是损失财富呢？非创业者产品经理可能不会面临资金损失的问题，但时间成本也是非常昂贵的成本，一样要思考如何让它的效用最大化。

成熟期的产品通常是盈利的，可能已经帮助产品团队实现了创造财富的目标。这种情况下坚持运营还是关停，取决于产品团队或公司对盈利规模的要求。即使产品还有些许盈利，只要它还在运营就需要产品团队进行维护，这些人去做其他事情的收益会不会更大？这就是一个衡量机会成本的问题。如果有机会进入成熟期产品的团队工作，是可以接触到该领域当前最前沿的行业认知的，收入可能也不错，但没有成长期产品的造富潜力大，收益和风险总是成正比嘛。

衰退期的产品虽然是即将沉没的游轮，但不等于没有吸引力。如果能保障几年的收入，积累一些工作经验，其实也是一种机会。衰退期的产品已经不再拥有最前沿的行业认知了，可能还看不上正在蚕食自己市场份额的新产品，如果能及时警醒，把行业认知的课补上，也许还有转型翻盘的机会。

侦察兵和士兵

由于自身行业认知的局限，加上竞争对手、政策法规等外部因素，产品的生命周期曲线通常不会按照我们的预期起伏。在它走势不理想的时候，我们应该坚持的一个底线是，理性地分析事实。很多人采取的却是鸵鸟政策，埋头不再看数据或者扭曲数据来满足自己的想象，这类应对方式只会让情况变得更糟。这就好比拳击比赛打到一半，处于劣势的拳击手给自己戴上了遮光眼罩。决策专家朱莉亚·加莱夫（Julia Galef）给这两种思维模式起名为**侦察兵模式**和**士兵模式**。这两种思维模式的驱动力不同，侦察兵模式是由求知欲驱动的，对事物保持开放的心态，了解到与自己直觉相反的事实反而会更兴奋；士兵模式是由胜负心驱动的，坚信自己认定的事情，遇到不符合预期的事实后会先想办法否定事实，而不是转变自己的想法（有点处于愚昧山峰的感觉）。

进化论奠基人、《物种起源》作者查尔斯·达尔文的父亲叫罗伯特·达尔文，是名医生。父亲给达尔文设计的人生轨迹是子承父业当医生，送他到英国当时医科排名第一的爱丁堡大学学习，但达尔文怕血，见不得尸体，做不了解剖，实在学不下去。当时的好工作除了医生还有牧师，于是父亲就送达尔文到剑桥大学学习神学。

神学并不是只研究基督教，当时的神学家认为研究丰富多样的生物可以凸显造物主的伟大。达尔文愉快地学习了几年昆虫学，对植物学也抱有浓厚的兴趣——神学院不知不觉中培养了自己最大的敌人。达尔文毕业后收到了环球旅行的邀请，乘船到世界各地考察，记录了大量的地质现象、化石和生物，并系统性地收集了很多标本。逐渐地，他发现了生物演化的事实，那么造物主还存在吗？达尔文陷入了长达20年的思考。直到博物学家华莱士准备发表一篇名为《论变种无限离开原始型的倾向》的论文，达尔文才意识到华莱士独立提出了自然选择学说，在朋友们的建议下，同年，达尔文跟华莱士一起发表了有关自然选择的论文，并于第二年出版了《物种起源》。

在《道德动物》一书中，罗伯特·赖特提到，一位作家曾经问道："为什么是达尔文？和他的许多同事相比，他缺乏野心、没有想象力、才疏学浅。为什么他能发现其他人孜孜以求的理论？究竟为什么一个在学识上如此有限，在文化上如此迟钝的人，竟构思出如此结构宏伟、意义深远的理论？"

我想，这离不开达尔文的侦察兵思维模式，他没有因为坚信造物主的存在而否定自己亲眼所见的事实。愿大家都能成为优秀的侦察兵。

压力管理

我在腾讯接受过一堂压力管理的培训课程，我当时并不知道这个培训对我的工作会有什么帮助。在经历了种种逆境之后，我发现自己依然身心健康、乐观向上，原来是托压力管理的福。

压力管理的第一步是识别自身的压力状况，我们可以通过下面这个简版的压力测试题来监测自己的压力状况。请回想自己在过去1个月内是否发生过下述情况，如实选择，并按以下标准计分：从未发生计0分，偶尔发生计1分，经常发生计2分。

- 觉得手上工作太多，无力应付。
- 觉得时间不够，所以要分秒必争，例如走路和说话的速度很快。
- 觉得没有时间消遣，成天惦记着工作上的事情。

- 遇到挫败时很容易发脾气。
- 很在意别人对自己工作表现的评价。
- 觉得上司和家人都不欣赏自己。
- 担心自己的经济状况。
- 有头痛、胃痛、背痛的毛病，难以消除。
- 需要烟酒、药物、零食等抑制不安情绪。
- 需要借助安眠药才能入睡。
- 与家人、朋友、同事的相处令你心情不佳、易发脾气。
- 与人交谈时不能耐心倾听，经常忍不住打断对方的话题。
- 上床后思潮起伏，牵挂很多事情。
- 觉得工作太多，不能每件事都做到尽善尽美。
- 当空闲时轻松一下就会心生内疚。
- 做事急躁、固执、任性，而事后感到内疚。
- 觉得自己不应该享乐。

累计分数参考标准如下。

- 0~10分：压力程度低，轻松自在，也可能生活缺乏刺激，比较简单沉闷，激情和做事的动力不足。
- 11~15分：压力程度中等，虽然有时感到压力较大，但仍处于可以自我调节的范围内。
- 16分或以上：压力偏高，需要寻找压力源以及调节压力的方案。

这个测试主要是为了引导大家关注压力与心理健康，如果发现分数不理想或不符合自己的情况，请不要太介意，你的实际情况应以专业机构给出的结果为准。

适度的压力能帮助我们应对各种挑战，而过度的压力会影响我们在工作中的判断和表现，并且可能危害我们的身心健康。当我们意识到自己正在承受过度的压力后，接下来就需要分析压力源是什么。压力源可能存在于多个方面，如表 5-3 所示。

表 5-3　压力源

个人方面	健康欠佳、情绪不稳定、自卑、失落等
家庭方面	家庭经济状况欠佳、家人间的冲突、子女教育、父母陪护、亲人去世等
工作方面	任务太多、业绩不理想、同事关系不好、沟通不畅
社会方面	居住环境差、交通拥堵、卫生环境恶劣、社会风气败坏、通货膨胀等
朋友方面	缺乏知己、被朋友欺骗、发生纠纷等

调节压力的关键在于正面解决压力源，而不是消极逃避。（和解决产品瓶颈问题是不是很像？）压力源往往隐藏得比较深，可能是我们的某种本能把它隐藏了，表面上好像没有任何问题，但它却在角落里持续地制造压力。（和定位产品瓶颈问题是不是很像？）比如，工作中无法进行快速决策，就是压力的一种表现，隐藏其后的压力源可能是害怕做出错误的决策。当我们认清压力源之后，找到一些适当的方法降低错误的成本，如最小可行产品，压力源得到解决，压力自然也就变小了。

当然，压力源不一定都能被消除，有句话叫"改变可以改变的，接受无法改变的"。在我们的生活和工作中，确实有很多事情无法改变，比如飞涨的房价、父母的衰老、同事的脾气，等等。我们来看个具体的例子。幼儿到了两岁左右会进入"违拗期"，开始有独立的意识，会违抗家长的意愿，故意和家长对着干。很多家长并不了解"违拗期"的概念，只是发现小孩子忽然不听话了，试图用对抗的方式让小孩子听话，结果自然是徒劳无功，给自己增加了压力。《从出生到3岁》一书指出，家长应对幼儿"违拗期"最好的方法，就是了解"违拗期"对于幼儿成长的重要性和必然性，提前接受这个概念并做好准备。

不接受无法改变的事情，很容易引发可怕的后果，举个比较极端的案例：暴力伤医。大部分医闹的期望是恢复健康，殊不知本来病人的病情发展趋势就很不乐观，医疗只能延缓病情的恶化（如图 5-35 所示）。医闹者在病人病情恶化后不接受现实，通常如此这般跟医院"理论"："我父亲进医院的时候也就坐个轮椅，住院治疗花了这么多钱，现在反而胳膊都不能动了。我不懂医，我的要求不高，进来的时候什么状态出院还是什么状态，这不过分吧？"还好互联网从业人员的素质比较高，暴力伤产品经理或开发工程师的案例极少。

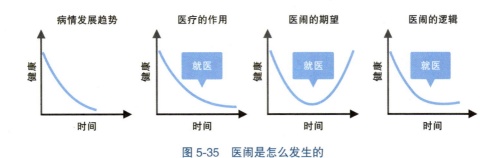

图 5-35　医闹是怎么发生的

传课网创始人王锋曾经跟我说："创业就是你所设想的好事都没发生，你没想到的坏事接踵而至。"把创业换成做产品也一样，放低自己的预期，做好迎接"黑天鹅"的心理准备，有利于保持健康的心态。

第 6 章

"黑天鹅"和"灰犀牛"

当你闯过重重关卡，在自己所处的细分市场拿到了 50% 以上的市场份额，恭喜！你实现了"小垄断"。基于这个市场地位，你的产品会获得媒体和投资人的关注，公司上市可能也提上了日程。但是，市场份额越大，责任也就越大，用户、媒体和监管部门都会更加严格地审视你的产品。有不少产品是在实现"小垄断"之后突然"死亡"的，比如 500 彩票网、德扑圈、一元夺宝、内涵段子等。

大家应该都不愿意看到产品在高速成长期或成熟期遭遇急刹车，产品团队可以从三个方面着手预防"黑天鹅"：数据安全、内容安全和策略安全。

6.1 数据安全

大数据时代，人们的行动轨迹、社交关系、通信、购物、财务、医疗、就业、生理特性等众多信息都被大数据记录着。数据是互联网公司最重要的生产资料。与此同时，数据安全问题也日益凸显，互联网产品因此遭到处罚或整个团队被捕的案例不时出现。我们可以从数据生命周期的角度来管理数据安全，包括数据的收集、存储和传输、使用和销毁。

数据的收集

互联网产品收集数据的途径主要有三种：用户授权、网络爬虫和购买。

用户授权

互联网产品要收集自己产品用户的数据，必须经过用户的明确同意，不得实施强制授权、捆绑授权、默认授权等行为。在此基础之上，还应当遵循合法、正当、必要的原则，只能收集与服务相关的信息，且坚持最少够用原则。

下面我们来看两个涉及用户隐私数据的案例。

2019年8月31日，换脸应用ZAO一夜爆红，但3天后就因涉嫌用户协议和隐私政策不规范、过度收集用户个人信息而被工信部问询约谈，并要求整改。[1]

2019年5月，黄女士在使用微信读书软件时发现在自己与微信好友没有任何关注关系的情况下，也能够在该软件中相互查看对方的书架、正在阅读的读物、读书想法等信息。黄女士认为自己的隐私权受到侵犯，起诉了腾讯。腾讯认为微信读书在相关服务协议中已明确使用该服务需要获得微信授权，包括微信账号的公开信息（昵称、头像等）、寻找与你共同使用该应用的微信好友等。黄女士的代理律师认为，微信读书虽然在形式上获得了用户的点击授权，但该功能设计本身属于"变相强迫"用户授权隐私和个人信息。

最终，北京互联网法院经审理认为腾讯侵犯了原告个人信息权益，并作出如下判决：腾讯计算机公司停止微信读书软件收集、使用原告微信好友列表信息的行为，并删除软件中留存的原告的微信好友列表信息；解除原告在微信读书中对其微信好友的关注；解除原告微信好友在微信读书中对原告的关注；停止将原告使用微信读书软件生成的信息（包括读书时长、书架、正在阅读的读物）向原告的微信好友展示的行为，腾讯计算机公司、腾讯深圳公司向原告书面赔礼道歉；三被告连带赔偿原告公证费6600元；驳回原告的其他诉讼请求。[2]

---

[1] 参见人民网。

[2] 参见人民网。

网络爬虫

网络爬虫作为一种收集数据的方式,应用于许多场景,比如搜索引擎抓取网页内容,一些产品抓取天气等公开数据进行分析研究等。借助网络爬虫,个人或者企业用户可以高效地实现数据读取、收集功能,但网络爬虫使用不当也可能涉嫌违法,甚至犯罪。以下三种情况需要注意。

第一,违背数据控制者意愿,强行突破其设置的技术障碍。

2012年,在中国互联网协会的组织下,百度、奇虎360等搜索引擎服务提供商签署了《互联网搜索引擎服务自律公约》。公约对搜索引擎服务提供商使用的技术通过行业自律的方式加以规制,即应遵循国际通行的行业惯例与商业规则,遵守机器人协议(robots协议)。该公约虽不具有法律同等强制执行力,但也具有参考借鉴的价值。突破机器人协议或网站所有者设置的各种技术障碍,意味着爬取行为已经违背了数据控制者的意愿,涉嫌侵犯权利人的合法权利。

2016年至2017年间,上海晟品网络科技有限公司利用网络爬虫技术突破北京字节跳动网络技术有限公司的安全防护措施,在数据抓取过程中使用伪造的设备码(device_id)绕过服务器的身份校验,并且通过其他技术手段绕过服务器的访问频率限制,非法获取该公司服务器中存储的视频数据。北京市海淀区人民法院以非法获取计算机信息系统数据罪判处该公司罚金人民币二十万元,判处被告人张某(公司法人)等四人有期徒刑九个月至一年不等的刑罚,以及罚金。据报道,这是全国首例利用网络爬虫技术非法入侵其他公司服务器抓取数据,进而实施复制被害单位视频资源的案件。①

第二,抓取个人信息、受著作权保护的信息、商业秘密等特殊类型的信息。个人信息的获取需要征得当事人和信息控制者的明确同意,以爬虫方式获取姓名、身份证号码、性别、年龄、地址、行动轨迹等个人信息实际上并未经

---

① 参见中国法院网。

过授权。近年来，全球对个人信息的保护力度不断加强，通过非法或不正当手段获取个人信息面临被制裁的风险。最高人民法院、最高人民检察院《关于办理侵犯公民个人信息刑事案件适用法律若干问题的解释》第五条将"非法获取、出售或者提供行踪轨迹信息、通信内容、征信信息、财产信息50条以上的；非法获取、出售或者提供住宿信息、通信信息、健康生理信息、交易信息等其他可能影响人身、财产安全的公民个人信息500条以上的行为"，认定为侵犯公民个人信息罪中规定的情节严重行为。

著作权保护的对象是作品。作品是指文学、艺术、科学领域内具有独创性并能以某种有形形式复制的智力成果，包括但不限于文字、美术、摄影、电影、音乐、舞蹈等。利用网络爬虫爬取作品信息看似只是侵犯了著作权中的"复制权"，有人认为对这种行为不应过多苛责。但对著作权内容的抓取通常伴随着使用，比如利用抓取的视频、小说等内容吸引流量，再通过广告获利。相关法律规定，违法所得数额在3万元以上或非法经营数额在5万元以上，就涉嫌构成侵犯著作权罪。

网络爬虫一般爬取的是公开信息，但也存在利用网络爬虫获取未公开信息的行为。《反不正当竞争法》第九条规定，不得以盗窃、贿赂、欺诈、胁迫、电子侵入或者其他不正当手段获取权利人的商业秘密。如果侵犯商业秘密给权利人造成重大损失，涉嫌构成侵犯商业秘密罪。因此，爬取具有商业价值的经营数据、财务数据等需要格外慎重。

"酷米客"和"车来了"两个应用都能为用户提供实时公交地理位置查询等服务。"车来了"为了提高信息查询的准确度，爬取了竞争对手"酷米客"的数据。"酷米客"认为该行为侵犯了自身合法权益，于是提起"不正当竞争"诉讼，并向警方报案。深圳市中级人民法院认为"酷米客"后台服务器存储的公交实时信息数据具有实用性并能够为权利人带来现实、潜在或将来的经济利益，"车来了"利用网络爬虫技术大量获取并无偿使用"酷米客"实时公交信息数据的行为，是一种不劳而获的行为，破坏他人的市场竞争优势，具有主观过错，违反了诚实信用原则，扰乱了竞争秩序，构成不正当竞争,判处"车来了"赔偿"酷米客"50万元的经济损失。"车来了"创始人兼CEO邵凌霜非法获取数据的行为犯非法窃取计算机信息系统数据罪,被判处有期徒刑三年、缓刑四年,并处罚金人民币十万元。①

第三,爬取行为影响被爬取方网站正常运行。

过于野蛮的爬取行为可能造成网站负荷过大,导致网站崩溃或无法正常运行,给经营者造成损失。2019年5月国家网信办发布的《数据安全管理办法(征求意见稿)》第十六条规定:网络运营者采取自动化手段访问收集网站数据,不得妨碍网站正常运行;此类行为严重影响网站运行,如自动化访问收集流量超过网站日均流量三分之一,网站要求停止自动化访问收集时,应当停止。

购买

有些购买行为看似合法,实则违法。2017年,一起由最高人民检察院、公安部督办的特大侵犯个人信息专案,从源头到中转商再到下游使用者,共11家公司牵涉其中,涉及国内"大数据行业第一股"数据堂的多名员工。检察院起诉书称,数据堂某员工向其上级汇报并征得同意后,代表公司与扬州金时公司签订数据买卖合同,金时公司支付对方20万元合同款。此后,另一名数据堂员工与金时公司续签数据合同,后者支付合同款50万元。数据堂向金时公司交付了包含公民个人信息的数据60余万条,主要内容为手机号、地区和偏好(如房地产相关等)。金时公司又将数据提供给了下游的驭欣公司。经过近11个月的侦查,该案涉及的21名犯罪嫌疑人被起诉。在新三板上市的"大数据第一股"数据堂,于2017年8月14日起停牌,2018年9月11日恢复股票转让,当天股票价格由3.99元跌至0.63元,暴跌84%。个人信息的收集与使用需取得公民的合法授权,以非法方式对这类数据进行交易涉嫌违法犯罪。②

---

① 参见人民法院报。
② 参见《财经》杂志及其他公开信息。

近年来,"暗网"成为了数据买卖的一大渠道,根据公安部 2020 年公布的 10 起侵犯公民个人信息违法犯罪典型案件,其中有 4 个案件均为通过"暗网"非法出售数据,相关涉案犯罪嫌疑人(包括出售人和购买人)被公安机关控制。

除了用户授权、网络爬虫和购买,还可能通过入侵数据库的方式获取数据,这种行为涉嫌非法侵入计算机信息系统罪和非法获取计算机信息系统数据罪等。InfoQ 统计了 2019 年公开披露的 43 起数据泄露事件,排名第一的泄露原因是黑客入侵,占比 33%;第二是公开数据库,任何人都可以随意访问,占比 16%;并列第三的是数据库非授权访问和数据库配置错误,各占比 12%;第四是内鬼,占比 9%。黑客和内鬼合计 41%,数据库使用不当合计 40%。

数据的存储和传输

《中华人民共和国网络安全法》(以下简称《网络安全法》)第三十七条规定,关键信息基础设施的运营者在中华人民共和国境内运营中收集和产生的个人信息和重要数据应当在境内存储。因业务需要,确需向境外提供的,应当按照国家网信部门会同国务院有关部门制定的办法进行安全评估。

《网络安全法》出台一个月后,苹果公司就开始在中国贵州建立数据中心,一方面是改善 iCloud 的用户体验,提升服务的速度和可靠性,另一方面是为了符合中国法律法规的要求。

对于数据的存储和传输,欧盟也有非常严格的要求。对于在欧盟提供商品或服务而收集自然人的信息,或处理欧盟境内自然人信息的主体,需遵守 GDPR(《通用数据保护条例》)对数据收集、存储、传输等的规定,如涉及向第三国传输信息的,需经过欧盟委员会的同意,转移后对信息的保护程度不会被削弱。

2019 年，英国航空公司网站被攻击导致约 50 万名客户数据被窃取。由于英国航空公司未履行 GDPR 有关数据安全保障的义务，被英国信息监管局（ICO）处以约合 15.8 亿元人民币罚款。在前面提到的 InfoQ 对 2019 年数据泄露事件的统计中，科技行业是数据泄露最严重的行业，占比 37%。

数据的使用和销毁

数据使用过程中，需按照法律规定、公司与用户或其他数据授权主体签订的协议以及公司内部审批流程规范去使用，不能超范围、超权限地使用数据，且使用过程中同样应遵循合法、正当、必要的原则。

数据销毁是指当数据控制者不再运营某项业务或主体注销，或出现法律法规、协议约定需销毁数据的情形，数据控制者需从数据库中永久且不可恢复地删除相关数据。

《网络安全法》规定，个人发现网络运营者违反法律、行政法规的规定或者双方的约定收集、使用其个人信息的，有权要求网络运营者删除其个人信息。欧盟 GDPR 规定，数据主体有权要求数据控制者删除关于其个人的数据，当出现"个人数据于实现其被收集或处理的相关目的不再必要"等情形时，数据控制者有责任及时删除用户个人数据，例如用户注销账号、不再使用网络运营者提供的产品等。

2018 年 5 月 25 日，欧盟 GDPR 正式生效。如果违反 GDPR，违规公司可能面临最高占其全球年收入 4% 的巨额罚款。财报显示，腾讯 2017 年的全年收入为 363.87 亿美元，4% 就是 14.55 亿美元。为了应对新的法规，微信团队在 2018 年 5 月 28 日发出通知，当欧盟地区微信用户撤销授权公众号获取其个人信息（主要包括该微信用户取消关注公众号或其自行注销微信个人账号）时，公众号运营者需要在三周内从自己的服务器中删除该用户相关的所有信息，包括用户的昵称、头像、openid 以及与该用户关联的服务信息（见图 6-1）。

关于欧盟数据保护通用条例的通知

欧盟数据保护通用条例（General Data Protection Regulation, GDPR）于2018年5月25日生效，微信公众平台为遵守GDPR的相关要求，当欧盟地区微信用户撤销授权该公众号获取其个人信息（主要包括该微信用户取消关注公众号或其自行注销微信个人帐号）时，会以邮件形式告知公众号的注册邮箱删除欧盟用户的信息。

提醒时间： 每周一00:00（每周一次）
用户范围： 欧盟地区注册的微信用户
删除方法： 如果公众号运营者在自己的服务器中存储了以上范围内的用户的信息，需要在三周内，从自己的服务器中删除该用户相关的所有信息，包括用户的昵称、头像、openid以及与该用户关联的服务信息。

微信团队
2018年05月28日

图 6-1 微信团队发布的 GDPR 相关通知

据媒体报道，西班牙数据保护监管部门发现 Facebook 在未明确告知用户如何使用其个人信息的情况下，将收集的用户个人信息用于广告投放，故对其处以 120 万欧元罚款。此外，还有证据表明，在用户删除账号的 17 个月后，Facebook 仍然保存着该用户的数据。

6.2 内容安全

互联网产品的内容包括：账号注册阶段的昵称、头像、简介等；信息发布阶段的文字、语音、图片、视频等；用户互动时的评论、弹幕、表情等；以及产品的弹窗、推送、广告等。总而言之，用户可见的信息都是内容。

内容安全的目标是符合法律法规的要求、契合当地风俗文化。日本人气动画《七龙珠》里有个黑皮肤的波波先生，在美国 4Kids 电视台播出时，波波先生被"整容"成了蓝色皮肤，因为他的身份是神仙的仆人，黑色容易引发联想。

近年来，因内容安全问题导致企业被处罚甚至停业整改、产品永久下架的案例比比皆是，比如"内涵段子"因导向不正、格调低俗永久关闭，《暴走大事件》节目由于侮辱英烈下架。

为保障内容安全，我们需要把审核规则、审核过滤技术、审核人员和平台内容导向结合起来，完成"用户上传—机器审核—人工审核—内容公开—投诉处理"的内容管理流程。不同产品形态在内容治理上会存在差异，例如，直播产品对视频/音频的实时在线审核要求较高，信息流产品对内容的及时性要求相对较弱。相应地，不同产品所需要的审核规则和审核过滤技术是有区别的，对审核人员的要求也有所不同。

审核规则

审核规则是内容生态治理的关键，人、技术以及内容导向都是围绕审核规则来发挥作用的。法律法规和风俗文化在不断变化，这就要求审核规则要保持更新。我们需要同监管部门、应用市场、友商建立良好的沟通联动机制，就内容治理定期进行沟通，在合规与满足用户需求之间寻找一个动态的平衡点。

审核过滤技术

过滤技术可以提高审核的准确率和及时性。比如网易易盾，在内容安全方面提供了多项技术服务。

- 文本检测：高效过滤色情、广告、涉政、暴恐等垃圾信息。
- 图片检测：领先的图像识别算法，精准过滤涉黄、涉政、暴恐等违规图片。
- 音频检测：领先的语音识别技术，精准、高效分析识别违规音频。
- 视频检测：秒级处理违规镜头，支持直播、点播视频过检。

审核人员

2019年1月，中国网络视听节目服务协会发布《网络短视频平台管理规范》，要求从事短视频的审核员应当经过省级以上广电管理部门组织的培训。且原则上，审核员人数应当在本平台每天新增播出短视频条数的千分之一以上。2018年，快手因内容问题被相关部门约谈整改后，在 2000 人审核团队的基础上，扩招了 3000 名审核人员，旨在加强内容上传量与审核人员的匹配。5000 人的审核团队是否有点夸张呢？如果按照快手每日新增 1500 万条视频计算，原则上需要一支 1.5 万人的审核团队。

审核人员需要审核平台来开展工作，管理数量庞大的审核人员还需要审核质量统计、审核效率统计等数据，从网易易盾的智能审核管理系统来看，这是一个很复杂的产品（如图 6-2 所示）。

图 6-2　网易易盾智能审核管理系统

为了保障审核人员能够紧跟审核规则的变化，我们需要定期对审核人员进行培训，同时也需要关注审核人员的心理健康。据外媒报道，Facebook 在全球拥有超 1 万名的内容审核人员，他们将无数有争议或恶意的内容从 Facebook 上删除，但是在处理涉及恐怖主义、暴力、色情以及其他有害内容的过程中身心都受到了伤害。有受访者称，"我曾见过女性员工情绪崩溃倒在地上，一遍又一遍承受观看自杀视频带来的创伤"。2020 年，Facebook

在美国的内容审核人员发起了集体诉讼，要求 Facebook 和雇用公司就他们反复查看令人不安的材料而产生的心理创伤进行赔偿。经协商，Facebook 与代表美国 4 个州 1 万多名前任和现任内容审核人员的律师达成 5200 万美元的和解协议。律师称，每人将收到 1000 美元医学排查费用，如有必要，还将额外获得治疗费用。

内容导向

关注内容导向能够体现产品团队对内容安全的态度，以及对当地主流价值观和文化的引导，会让自己的产品看起来更接地气。

《网络信息内容生态治理规定》鼓励网络信息内容服务平台坚持主流价值导向，优化信息推荐机制，加强版面页面生态管理，在重点服务类型、位置板块，如精选、首屏、热搜等处积极呈现讲品位讲格调讲责任、讴歌真善美、促进团结稳定等内容。2020 年，因内容管理问题，微博热搜榜和热门话题榜下线整改一周。整改上线后，热搜榜的置顶内容变成了"长城记忆""夜游美丽中国""开学第一课""少年强中国强"等正能量内容。该规定也鼓励开发适合未成年人使用的模式，提供适合未成年人使用的网络产品和服务，便利未成年人获取有益身心健康的信息。目前国内主流的游戏、直播、短视频等平台对危害未成年人身心的内容，例如早恋、暴力等，都采取严格的处罚措施，并且大都上线了青少年健康模式，对青少年用户所能浏览的内容和使用时长进行限制。

6.3 策略安全

产品和运营的一些策略可能会导致公司被法律处罚，甚至破产。接下来我们会从"羊毛党"、未成年人、传销、庞氏骗局、射幸行为这 5 个方面来科普策略安全。

"羊毛党"

电商、外卖、游戏乃至直播平台经常会举办五花八门的线上活动来拉新、促活、提振销量，用户对于这些活动喜闻乐见，尤其是"羊毛党"。如果我们没有把控好活动的上下线流程、规则、风控等策略，不但有可能达不到预期效果，还可能会因此遭受损失。

据媒体报道，2018 年 12 月 17 日上线的"星巴克 App 注册新人礼"营销活动，由于活动门槛较低，仅需一个新手机号并提交一些基本资料即可领券。"黑灰产"利用大量手机号注册星巴克 App 的虚假账号，并成功领取活动优惠券，然后低价卖出。在上线一天半后，星巴克紧急下线了该活动。2019 年 1 月 20 日凌晨，拼多多平台出现漏洞，用户可领取 100 元无门槛优惠券，用于充值话费、Q 币等。拼多多当日回应称，有"黑灰产"团伙通过一个过期的优惠券漏洞盗取数千万元平台优惠券，进行不正当牟利。

类似的案例还有很多，只有提前预防见缝就钻的"黑灰产"和"羊毛党"，才能保障活动顺利进行。星巴克新人礼活动的主要问题在于没有意识到"羊毛党"的存在，此外，也没有把控好活动门槛和参与人数。为了方便更多人参与，星巴克将活动门槛设置得非常低，但是没有限制参与人数，出现问题后只能紧急下线。

意识到有"羊毛党"后，我们可以从以下几方面着手考虑活动的策略安全问题。

活动内容合法

组织活动时务必考虑内容的合法性，否则容易"赔了夫人又折兵"。

2020 年 5 月，嘀嗒出行 App 开展"翻卡赢百元现金，五一健康任我行"活动，在活动规则中的第九条明确显示"本活动最终解释权归嘀嗒出行所有"，这其实违反了《侵害消费者权益行为处罚办法》第十二条第（六）项的规定，即经营者不得规定单方享有解释权或者最终解释权。嘀嗒出行因该活动被北京市朝阳区市场监督管理局罚款 1 万元。

活动审批流程

对活动上下线需要参与的人员、部门进行系统梳理，设置一个健康的审批流程，相关负责人需对活动的使用范围、门槛、规则、成本进行审核确认，并从开发、配置、测试、上下线环节进行校验、管控，尽可能降低出错的概率，避免出现活动未经确认即上下线或遗漏的情形。

活动数据监测

对活动的参与人数和用户行为等进行实时监控，同时设置好报警机制、熔断机制等，一旦发现数据异常等情况能够及时查看，并采取相应措施。

技术保障

目前行业内有较多提供反欺诈等技术的公司，如易盾、数美等，我们也可以选择自建反欺诈机制，比如对同一 IP、设备、付款账号、收货地址下的多个账号和短时间内频繁的操作行为进行限制。

未成年人

近些年，随着智能手机的普及，未成年人沉迷游戏、过度消费的报道频繁进入公众视野。为了保障未成年人的身心健康和正常学习生活，2019 年 10 月，国家新闻出版署发布了《关于防止未成年人沉迷网络游戏的通知》，强调企业主体要严格落实主体责任，在实名注册、游戏使用时长、充值金额等方面需采取限制措施，主要内容如下。

(1) 实名注册。所有游戏用户均需使用有效身份信息方可进行注册，未提供的则无法使用。

(2) 游戏使用时长。法定节假日未成年使用游戏时长不得超过 3 小时，其他时间每日不得超过 1.5 小时。

(3) 充值金额。游戏企业不得为未满 8 周岁的用户提供游戏付费服务；同一网络游戏企业提供的游戏付费服务，8 周岁以上未满 16 周岁的未成年用户单次充值金额不得超过 50 元，每月充值金额累计不得超过 200 元；16 周岁以上的未成年人单次充值金额不得超过 100 元，每月充值金额累计不得超过 400 元。

规定是出台了，主流的游戏产品也都加入了健康系统或防沉迷系统，对未成年用户的使用时长和充值金额进行了限制。截至 2019 年 12 月，腾讯的健康系统（如图 6-3 所示）接入了旗下 116 款手游和 31 款端游，覆盖了 98% 的腾讯游戏活跃用户，对于因技术原因无法接入健康系统的 32 款游戏进行强制退市处理。但为什么还是有关于未成年人沉迷游戏的新报道持续出现呢？问题出在实名注册这一步。实名注册如果执行不到位，基于实名注册的时长限制和金额限制都形同虚设。

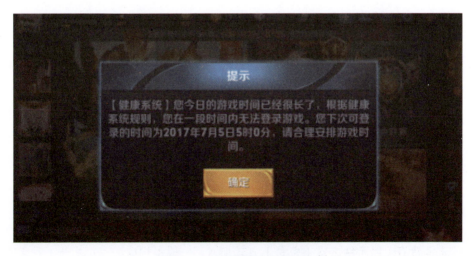

图 6-3　王者荣耀的健康系统

2020 年 4 月，江苏消保委集体约谈腾讯游戏等 16 家企业，指出当前行业内存在的游客模式仍可充值、实名认证落实不到位、平台充值存在漏洞、退款流程复杂等问题，要求相关企业进行整改，并建议企业落实"注册实名认证＋支付前人脸识别"双认证系统。2020 年 5 月，最高人民法院发布了指导意见，限制民事行为能力人未经其监护人同意，参与网络付费游戏或者网络直播平台"打赏"等方式支出与其年龄、智力不相适应的款项，监护人请求网络服务提供者返还该款项的，人民法院应予支持。

未成年人的健康成长一直是社会关注的焦点。《未成年人保护法》分别设置了家庭保护、学校保护、社会保护和司法保护，正在审议的《未成年人保护法（修订草案）》做了更详细的规定，并新增了网络保护和政府保护，主要包括网络保护的理念、网络欺凌及侵害的预防和应对以及网络企业责任，且明确各级政府应当建立未成年人保护工作协调机制，细化政府及其有关部门的职责等。产品经理需要重视未成年人保护这项工作，尤其是直接面向未成年人提供产品或服务的需要慎之又慎。

传销

前面讲获客杠杆的时候介绍过趣头条的付费拉新模式，用户邀请他人注册，被邀请的用户就成为其"徒弟"，每收一名"徒弟"，"师傅"可获得金币和人民币奖励。用户邀请的"好友"越多，获得的提现金额就越多。通过"好友邀请"不断裂变，趣头条实现了快速增长跑步上市。

有人认为收徒奖励模式和"传销"有相似之处，但根据《中华人民共和国刑法》和《组织领导传销活动刑事案件适用法律意见》，构成"组织、领导传销活动罪"需要同时（请注意，同时）满足以下几点。

(1) 有偿加入。"组织、领导以推销商品、提供服务等经营活动为名，要求参加者以缴纳费用或者购买商品、服务等方式获得加入资格"，如果参加者（消费者）以无偿方式（免费）方式加入，一般不构成。

(2) 内部参与人员在 30 人以上且层级在 3 级以上（此处的以上包含"本数"）。在计算内部人数层级时，包括整个组织的领导者这一级，即最高层算一级。

(3) 以"人头"作为计酬或返利依据。对于以销售商品为目的，以销售业绩为计酬依据的单纯"团队计酬"式传销活动，即主要目的是为了销售商品，并非以"发展人员的数量"作为计酬或返利依据的，一般不作为犯罪处理。

(4) 骗取财物。即组织者或领导者本质上采取虚构、夸大经营、投资、服务项目及盈利前景，掩饰计酬、返利真实来源或者其他欺诈手段，从参与人员缴纳的费用或者购买的费用中非法获利。如果存在真实业务，并不存在虚假宣传等行为，一般也不认定为骗取财物。

综上，付费拉新通常不满足第 (1) 点和第 (4) 点，所以通常不会被认定构成"组织、领导传销活动罪"，而属于正常的商业宣传推广或促销活动。但一些互联网金融产品是同时满足以上 4 点的，如果你在为这样的产品工作，需要早做打算。

2017 年初，有一款号称"理财、投资型的游戏"《魔幻农庄》，通过"种花就可以赚钱"的口号吸引了不少人参与。玩家在支付 330 元后可以注册一个账号获得游戏资格。玩家在自己的土地上种植玫瑰花，通过施肥，玫瑰花会持续生长，玩家的玫瑰花可以用于交易变现（1 元 / 朵），也可以用于开发新的土地种植更多的玫瑰花。玩家在游戏中有四个等级，由低到高分为"花农""花仙子""花天使""庄园主"，玩家推荐的下线数量越多，等级就越高，玫瑰花的生长率也就越高，且上级玩家每天可以采下一级玩家的"花蜜"，获得被推荐人当天 10% 的收益。

《魔幻农庄》引入了静态收益和动态收益。静态收益是指玩家通过资金投入获得的收益，想要提升静态收益，就要投入更多的钱种更多的玫瑰花。《魔幻农庄》还允许玩家通过推荐下线提升自己的等级来提升静态收益。动态收益是指玩家从下线收取的利润分成，想要提升动态收益，就多多推荐下线。大家如果看到静态收益、动态收益这些词，大概率是传销。

随着玩家大量涌入，游戏内逐渐出现玫瑰花不能兑换货币的情况，且愈演愈烈。尽管发起人在游戏中又增设了"抓娃娃""转盘抽奖"等赌博性质的玩法来消耗玫瑰花，但仍因无法满足玩家变现的需求而崩盘。《魔幻农庄》上线5个月，注册玩家达到15.8万，涉案金额为人民币4600余万元。《魔幻农庄》虽然采取了"游戏"的包装方式，相比实体商品、理财产品等常见的传销套路好像"先进"了一些，但并没有改变其传销的本质。法院经审查认为，《魔幻农庄》虽然以网络游戏为标签，但与其他合法的网络游戏相比，其内容简单乏味，制作粗糙，并无游戏应有的基本功能和趣味性。

根据一审刑事判决书，重庆市江津区人民法院认为马成军等人利用《魔幻农庄》软件，采取玩游戏的宣传手段，要求参加者以缴纳门槛费的方式加入并组成层级，以发展人员数量作为主要获利来源，通过高额回报引诱参加者不断投资并继续发展他人参加从而达到骗取财物的目的，扰乱经济社会秩序，情节严重，其行为均构成组织、领导传销活动罪，判处马成军有期徒刑六年，并处罚金人民币100万元；其余七人分别判处有期徒刑二年四个月至五年不等的刑罚，并处罚金。①

庞氏骗局

简单来说，庞氏骗局就是利用新投资人的钱向老投资人支付利息，以制造赚钱的假象进而骗取更多投资。互联网金融点对点借贷（简称P2P）曾经是庞氏骗局的重灾区。P2P理财产品收益率一般比银行的存款利率或理财收益率要高，区间为5%~20%不等，有的平台甚至高达75%。此外，它们在资质审核、放贷金额、放贷周期上比银行更具有吸引力。2015年至2018年间，P2P在国内市场得到了飞速发展，黄金时期曾有上千家平台运营P2P业务。

---

① 参见重庆市江津区人民法院网。

2015年12月发生的e租宝"爆雷"事件曾一度引发P2P行业的恐慌，这也是互联网金融史上一个具有典型意义的骗局。北京市第一中级人民法院经审理查明，被告单位安徽钰诚控股集团、钰诚国际控股集团有限公司在不具有银行业金融机构资质的前提下，通过"e租宝""芝麻金融"两家互联网金融平台发布虚假的融资租赁债权项目及个人债权项目，包装成若干"理财产品"进行销售，并以承诺还本付息为诱饵对社会公开宣传，向社会公众非法吸纳巨额资金。其中，大部分集资款被用于返还集资本息、收购线下销售公司等平台运营支出，或用于违法犯罪活动被挥霍，造成大部分集资款损失。据网贷之家数据统计显示，截至2015年12月8日，e租宝总成交量745.68亿元，总投资人数90.95万人，待收总额703.97亿元。

法院认为，安徽钰诚控股集团、钰诚国际控股集团有限公司二被告单位以及丁宁、丁甸、张敏等26名被告人的非法集资行为，犯罪数额特别巨大，造成全国多地集资参与人巨额财产损失，严重扰乱国家金融管理制度，犯罪情节、后果特别严重，依法应当予以严惩。法院宣判对二被告单位以集资诈骗罪等罪名分别判处罚金人民币18.03亿元和1亿元，对丁宁以集资诈骗罪、走私贵重金属罪等罪名判处无期徒刑，剥夺政治权利终身，并没收个人财产人民币50万元，处罚金人民币1亿元。对丁甸以集资诈骗罪判处无期徒刑，剥夺政治权利终身，并处罚金人民币7000万元。[①]

e租宝事件后，一段时期内大量P2P的投资人申请赎回自己的投资款项，但很快又被市场的热情所掩盖，直至2018年4月发生的"善林金融"事件再次引发行业"地震"。根据上海市第一中级人民法院审理案件给出的信息，周伯云自2013年10月起组建善林（上海）金融信息服务有限公司（以下简称善林金融公司），并实际控制"善林系"企业，陆续在全国29个省市开设千余家分支机构，并逐步设立"广群金融""善林宝""亿宝贷（幸福钱庄）""善林财富"等网络借贷平台。为谋取非法利益，善林金融公司采用虚设债权、虚构借款人信息、虚假宣传等方式，承诺4.5%至18%的年化收

---

① 参见中华人民共和国最高人民法院网。

益,通过债权转让等名义,向 62 万余名投资人非法募集资金共计 736.87 亿余元。

上述非法集资钱款均被转入善林金融公司、周伯云实际控制的银行账户,567.59 亿余元用于兑付前期投资人本息、34.63 亿余元用于项目投资、收购公司股权、购买境外股票,35.39 亿余元用于善林资产端线下、线上放贷,其余款项被用于支付公司运营费用、员工工资及佣金、关联公司往来款等。至 2018 年 4 月案发,造成 25 万余名被害人实际经济损失共计 217 亿余元。

2020 年 7 月 24 日,上海市第一中级人民法院依法公开宣判,被告单位善林金融公司、被告人周伯云等 12 名单位直接负责的主管人员和其他直接责任人员,以非法占有为目的,使用诈骗方法非法集资,数额特别巨大,其行为均已构成集资诈骗罪。对善林金融公司以集资诈骗罪判处罚金人民币 15 亿元;对周伯云、田景升以集资诈骗罪分别判处无期徒刑,并处罚金 7000 万元、800 万元;对翟中奇等其余 10 名被告人以集资诈骗罪分别判处有期徒刑十五年至六年不等刑罚,并处 250 万元至 50 万元不等罚金。①

"善林金融"算是 P2P 行业发展的一个重要转折节点,自此之后 P2P 网络借贷风险不断被媒体曝光,爆雷数目激增。初步统计,仅 2018 年爆雷的平台就达到了 593 家,大量平台人去楼空、资金断链、实际负责人和高管跑路、逾期兑付、投资人无法收回成本等。上述情况引起了公安部的高度重视,并立即开展相关行动,对超 380 家涉嫌非法集资犯罪的网贷平台立案侦查。2018 年 12 月,互联网金融风险专项整治工作领导小组办公室、P2P 网贷风险专项整治工作领导小组办公室联合发布了《关于做好网贷机构分类处置和风险防范工作的意见》,P2P 行业进入了清退和转型期。

2020 年 8 月,媒体接连爆出长租公寓资金断链、跑路的新闻,房东未收到租金,租客房财两空,等等。涉及的房源及当事人遍布上海、浙江、江苏、四川等地,涉案金额累计上亿元,是不是能闻到一丝庞氏骗局的味道?据

---

① 参见新华网。

悉，很多爆雷的长租公寓作为平台方的经营模式为"高收低租""长收短付"。以某长租公寓为例，市场价为 5500 元 / 月的房子，从房东处收房是 6000 元 / 月，且按月向房东付款；在租客那里，一年付为 3900 元 / 月，且租客需一次性支付 50 700 元（押一付十二），通过时间差就可以获取大量现金流。

这个策略的风险在于，一旦没有新租客或融资进入，很容易出现资金断链，而新冠肺炎疫情加速了这个过程。密集的长租公寓跑路引起了监管部门的关注，上海、成都、广州、合肥、杭州在内的多地纷纷发布住房租赁市场风险提示，建议消费者谨慎选择住房租赁企业、认真确认租金价格，使用合同示范文本，谨防"高收低租""长收短付"等系列风险。

很多公司并不是一开始就奔着"非法集资""诈骗"等违法犯罪目的开展业务的，但随着行业竞争加剧、增长出现瓶颈等因素，看到同行们通过"庞氏骗局"等相关模式快速扩张后，不免心动也想尝试一下。但是，不可持续的策略总有东窗事发的一天，希望大家不要饮鸩止渴。

射幸行为

"一元夺宝"曾经是一个火遍大江南北的变现"利器"（如图 6-4 所示），平台方将一件商品分成若干"等份"进行出售，一般每份 1 元（10 元、100 元的也有），待所有"等份"售出后，从购买者中按照既定计算规则算出一名幸运者获得这个商品。当时很多"一元夺宝"平台打着"一元众筹"的旗号，但众筹其实是明码标价的预售行为或募捐行为，"一元夺宝"是一个人有回报其余人均无回报，这种行为在法律上叫作"射幸行为"。

由于一元夺宝具有射幸行为的特点，有些平台便利用"一元夺宝"形式进行变相的赌博和诈骗，例如打着电商销售商品的旗号，其实是做博彩性质的销售，或将"获奖者"设置为机器人、内部员工。2017 年，互联网金融风险专项整治工作领导小组发布了关于网络"一元购"业务的定性和处置意见，将"表面上是销售实物商品,实际上销售的是中奖机会,中奖结果由偶然性决定的行为,认为具有赌博性质"。同时,该小组将"经营机构以'一元购'为名,采取抽奖造假、以次充好、不寄送奖品甚至卷款潜逃等方式,骗取参与人钱财,认为具有以非法占有为目的,使用欺骗方法骗取他人财物的诈骗行为"。至此,一元夺宝销声匿迹。

图 6-4　全网"开花"的一元夺宝

涉嫌赌博或诈骗,需面临承担行政责任甚至刑事责任的风险,对创业者团队和创业产品都是不小的考验。在产品运营的过程中,不仅要关注产品的增长,还要让自己的"模式"或"玩法"符合法律法规。

虽说法律问题肯定是专业人士更清楚,但产品经理还是很有必要多了解了解,搞清楚自己所面临的风险是什么,对于风险的评估,不能全听老板和公司法务的。

6.4 优雅降级

除了突然重创式的"黑天鹅","灰犀牛"也一直站在不远处,比如服务器故障、机房的网络故障、用户的设备性能不理想、网络连接不稳定。我们可以通过事先设计好优雅降级来缓解"灰犀牛"的破坏力。优雅降级是指产品在不健全的环境中通过有损运行的方式来保持部分核心体验。"小垄断"服务大量用户,这项工作的收益比产品早期变大了很多,可以和其他产品需求比较、排序一下了。

> **思考题**
>
> 手机的低电量模式是怎么实现延长使用时间的?

设计优雅降级需要分析两个问题,一是需要考虑可能会遭遇哪些不健全的情况,二是产品的核心体验(通过功能渗透留存矩阵可以得出)可以降级到什么程度。在这两个问题的结果之上,将产品体验模块化,设置不同的模块组合以应对不同的不健全情况,比如带宽充足的时候所有模块全开,机房光纤被挖断带宽降到 1/2 则关闭音视频模块,带宽降到 1/4 则关闭图片相关模块。更进一步,还可以针对一些特定的不健全情况开发新的产品功能以提升体验,比如带宽完全消失时客户端自动弹出提示。

游密的视频会议产品在卡顿的时候会优先保障语音的连贯,语音对带宽的要求比视频低,视频卡语音不卡的大多数情况下,不太影响沟通。如果卡顿很严重,画面中会弹出提示信息明确告知用户。用户想了解更详细的情况还能查看会议质量分析(如图 6-5 所示),谁的网络质量不佳一目了然。

有些海外产品在中国的使用体验并不是太好,因为产品团队没有考虑到中国的网络情况,到了中国就会水土不服。比如 Zoom 就没有类似于游密的策略,卡就是卡,没有提示,没有分析,出现问题后用户首先会觉得是 Zoom

的服务不行,而不会想到是自己或对方的网络有问题。

图 6-5　游密的视频会议质量分析

网络质量差的情况常不常见呢?不知道大家有没有遇到过餐厅需要扫码点餐,但手机信号差加载不出来菜单的情况,我在公司楼下的美食街就经常遇到。如果餐厅没有提供 Wi-Fi,有时候我需要走出餐厅到人少的地方才能完成点餐,有时候走出餐厅后也许干脆换另一家可以线下点餐的餐厅。对发布会做了万全准备的苹果公司,在演示用 iPhone 4 的浏览器访问《纽约时报》的时候也翻过车,乔布斯要求现场观众配合一下断开自己设备的 Wi-Fi 才得以完成演示。

大概率会出现的"灰犀牛"可不止服务器故障、网络不佳这些问题,虎视眈眈的竞争对手永远不会缺席。

第三部分

开启无限游戏

作为一名成功创建了产品的游戏新人,你可能还没来得及充分享受这人生中的巅峰时刻,就迎来了市场竞争的"如来神掌"。我们的征途是星辰大海,但活下来是一切的前提。

7 薛定谔的"小垄断"
8 从"小垄断"到"大垄断"
9 强者的无限游戏

第 7 章
薛定谔的"小垄断"

写于互联网普及之前的商业书籍并不强调垄断，因为那时候垄断并不普遍，大家熟悉的案例可能只有钻石公司戴比尔斯。实体商品和人工服务的规模经济是有物理极限的，你卖海飞丝，我可以卖清扬；你卖香辣鸡腿堡，我可以卖麦辣鸡腿堡；你的销量大，生产成本和运输成本比我低，但我的价格和你保持一致的话，还是有利润可以维持经营。

7.1 规模经济和网络效应

从桌面软件时代开始，规模经济可以把成本摊薄到趋近于 0，垄断就开始变得常见了起来。比如微软开发第一代 Windows 操作系统投入了 2 亿美元，每张光盘成本 50 美分，如果销售 2000 万套，每一套的成本只有 10.5 美元，售价却可以定到 210 美元。想和微软竞争，首先需要投入相近的开发成本，但由于品牌、软件生态、使用习惯等因素，后来者很难一下子转化大规模的用户。假设新操作系统的销量达到 100 万套，此时每一套的成本是 200.5 美元，如果定价和 Windows 接近，就没有什么利润。2020 年 2 月 1 日，微软宣布全球 Windows 10 装机数量已经突破 10 亿，且越来越多的用户是直接下载安装，不需要光盘，每一套的成本是不是更低了？

另外，互联网的出现把分散的小市场融合成了单一的大市场。没有了国家和地域的界限，垄断的土壤就更肥沃了。2001 年我刚毕业到深圳的时候就有外卖，但形态和现在不同，需要从餐厅拿一张外卖菜单回家，想吃外卖就打电话点餐，货到付款，每个餐厅都是分散的小市场，自己接单自己跑腿送餐。进入移动互联网时代后，美团和饿了么双寡头垄断市场，点外卖变成了打开应用选择附近的任意餐厅，餐厅自己的外卖菜单和订餐电话消失殆尽，只剩下肯德基、麦当劳这样的大型连锁企业还在坚持自营外卖服务。

相比桌面软件时代或实体经济，互联网这个单一大市场从两个方面增强了垄断。一方面，产品脱离了物理限制，全球每个接入互联网的角落，获取互联网产品几乎没有物理成本（广告成本和平台"税"不算物理成本），从点击获取到使用产品的耗时只取决于网速，获客和变现实现了前所未有的规模和速度；另一方面，互联网产品通常带有网络效应——一个网络的价值与其用户数的平方成正比，每位用户所获得的效益随着总用户数的增长而增长，留存杠杆空前强大。在电话网络时代，网络效应并不会被一家公司独享，不同电话公司的服务都是互联互通的。在互联网时代，电子邮件可能是最后的互联互通了，网络效应通常被网络的所有者独享。

前面讲产品概念的时候，我们讲过微信的网络效应，下面看一下搜索引擎。当用户输入一个搜索词，搜索引擎会进行复杂的运算，对所有包含该搜索词的网页进行排序，排序所考虑的因素就包括用户的点击行为。比如一个新网页刚出现在搜索结果中的时候排在第 5 位，假设用户在搜索结果页点击最多的是它，那么它的排名就会上升，而之后进行搜索的用户就可以更快看到它。我们所看到的搜索结果，其实是搜索引擎的用户不断点击、优化、排序后的结果：用户越多，每个用户的搜索体验提升就越大，而用户少的搜索引擎因为网络效应的壁垒很难参与竞争。

> **思考题**
>
> 可口可乐有网络效应吗？特斯拉电动车有网络效应吗？

单一大市场的好处是，有竞争优势就可以占领这个大市场。2011年8月，小米1发布（如图7-1所示），定价1999元，当时配置相近的其他品牌手机价格是2575元至4999元。小米可以实现如此有竞争力的性价比，是因为选择纯网上销售，省去了建设线下销售渠道的成本。2011年12月18日，小米1开始网上销售，2012年6月12日，小米首席执行官雷军宣布小米1已经售出300万部。

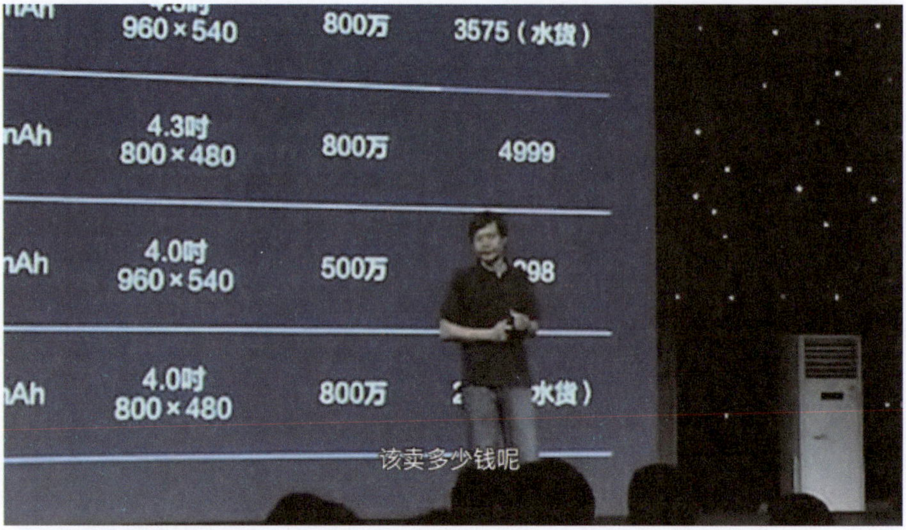

图7-1 雷军在北京798艺术中心发布小米1

单一大市场的坏处是，当别人有竞争优势的时候，你就会丢掉市场。一些本来可以独立生存的餐厅，现在变成了外卖平台的打工者。易到用车曾经垄断了接送机预约用车市场，但被使用场景更广的滴滴和快的打败了。曾经抓住Android机会的HTC，如今已经退出了中国手机市场。

"小垄断"就像薛定谔的猫，它处于生死叠加的状态，你每天早上起床后打开产品都可能看到生死叠加态坍缩成了死亡，确认产品死透了则需额外几个月甚至几年的时间。

7.2 垄断的壁垒

彼得·蒂尔在《从 0 到 1》中总结了垄断公司的 4 个共同点：专利技术、网络效应、规模经济和品牌优势。我们已经讲过了网络效应和规模经济，下面简单来说一下另外两个。专利技术是指一家公司独占的技术，比如 ARM 公司有处理器设计的专利，苹果的 A 系列处理器、高通的骁龙处理器和华为的麒麟处理器都需要购买 ARM 公司的专利授权。品牌优势是指产品在用户头脑中占据了优势地位，比如看到"手机扫码"这 4 个字，你是想到微信还是淘宝或支付宝？

用户越多，网络效应、规模经济和品牌优势就越强，公司所能获得的资本和利润就越多，就可以在专利技术、用户规模、品牌推广上投入更多，实现高速增长。相对地，用户越少，专利技术、网络效应、规模经济和品牌优势就越弱，市场地位就越低，陷入恶性循环。

当用户达到一定规模，留存杠杆和变现杠杆的微小提升都能带来可观的收入。500 亿元年收入的 1% 是 5 亿元，用年成本 2000 万元的算法团队将变现提升 1% 是不是就变得划算了？打磨并不总是低效的，只要杠杆够大，打磨也可以有很可观的产出，所以大公司的 996 是有产出的，小公司的 996 则可能是无效的。在亚当·斯密的《国富论》中，这叫作规模决定分工的程度，规模越大，分工就可以越细。还记得 QQ 秀的案例和自建广告销售团队的案例吗？有些变现杠杆只有在一定用户规模之上才成立，这又是一个竞争优势的分水岭。

垄断的结果就是全球市场的集中度变高了。根据全球汽车数据库的数据，2019 年汽车销量排名中（如图 7-2 左图所示），大众集团、丰田集团、雷诺日产、通用汽车、现代起亚这 5 家企业加起来占比 52.0%，其中第 2 名丰田集团的销量是第 1 名大众集团的 93.4%，第 5 名现代起亚是第 1 名大众集团的 69.7%。根据前瞻产业研究院的数据（如图 7-2 右图所示），2019 年全球数字广告市场规模约 3333 亿美元，其中谷歌占有率 31.1%，排名第 1，

Facebook 占有率 20.2%，排名第 2。前两名已经占据了 51.3% 的市场份额，这还是在它们没有进入中国市场的情况下，其中第 2 名 Facebook 的占有率是第 1 名谷歌的 65.0%，第 5 名百度是第 1 名谷歌的 12.2%。

图 7-2　汽车行业和数字广告行业的区别

市场占有率分出胜负之后，占有率高的一方利用资本优势可以遏制或切断竞争对手的获客杠杆，加速拉大市场占有率的差距，还能通过挖角削弱竞争对手的生产效率。从公司的生产力来看，即便不考虑挖角，规模经济也是很惊人的存在。一家公司有几十个应用，共用开发流程、数据平台、云服务、广告销售团队，另一家公司只有一个应用，两家公司要实现同样的新服务，后者的成本就会高出很多，甚至高到无法盈利。再结合之前在项目管理中聊过的 SWAT 团队（牛人牛工具），是小公司容易实现 SWAT，还是资本充足的大公司容易实现 SWAT？当然，更好的资源配置到更大规模的产品中，也是符合福利经济学第一定理的。

7.3　垄断者的工具箱

想了解"大垄断"有哪些手段可以对付"小垄断"，或者"小垄断"如何扩展自己的产品线变成"大垄断"，最简单的办法就是研究反垄断法。反垄断法想要监督和禁止的，就是垄断者最强力的工具箱。

1. 禁止限制企业间的自由贸易与竞争的行为。

平台逼商家二选一就属于这种垄断。想要买这些产品，只能到我的平台，这样我的用户就变多了，我的垄断就增强了。

2. 禁止主导市场的公司滥用其主导地位（市场份额大于等于50%）的行为，或易于产生主导地位的反竞争行为，包括掠夺性定价、搭售、价格欺诈、拒绝交易等。

百亿补贴，定价低于其他渠道的成本价，就属于掠夺性定价。买Windows送浏览器，买手机内置应用，下载安全管家附带全家桶，都是搭售。原价199现价99，如果原价是99，虚标到199，就是价格欺诈。针对普通用户的"砍单耍猴"行为不算拒绝交易，滥用市场支配地位的拒绝交易行为才是反垄断法关心的拒绝交易。

2018年6月，多家媒体报道扑尔敏原料药价格暴涨，导致部分药品停产。扑尔敏原料药是生产2000余种常用药的重要原料，国家市场监督管理总局立即对此立案调查。调查显示，2017年，湖南尔康医药经营有限公司和河南九势制药股份有限公司占中国扑尔敏原料药市场份额合计96.38%。2018年1至7月，两家公司所占市场份额合计为88.55%，拥有市场支配地位。因两家公司滥用市场支配地位，以"无货"为由拒绝向下游相关药品生产厂商供应扑尔敏原料药，导致扑尔敏原料药供应紧张，价格上涨，并实施了搭售等其他垄断行为，这两家公司于2018年12月被分别处以罚款847.94万元和155.73万元。

3. 监督大型企业的合并与收购。

例如PayPal和X.com合并，迪士尼收购皮克斯、漫威、卢卡斯、21世纪福克斯，Facebook收购Instagram、WhatsApp。

既然很多国家推出了反垄断法，为什么这些手段还是经常出现，并且很少被禁止或制裁？这个问题比较复杂，我觉得有两个方面可以思考，一是如何界定垄断，你说他垄断了网约车市场，他说自己在整个出行市场中占比很小，以谁为准呢？二是既然互联网行业必然会出现"大垄断"，一个国家限制自己企业的垄断行为，另一个国家不限制自己企业的垄断行为，被限制的企业是否就有可能失去市场呢？这个国家是否就失去了垄断某个市场的机会呢？如果把某个互联网市场看成油田或者铁矿，国家层面会不会想争夺这个市场呢？

> **思考题**
>
> 在滴滴大战优步的时候，腾讯是如何帮助滴滴的？

7.4 后发先至

前面讲产品概念的时候留了一个问题：如果现有产品已经形成了低壁垒垄断，光"抄"不换，复制这个产品概念行不行？关于这个问题可以分成两种情况来看，一是我们自己是"大垄断"，二是我们什么都不是。

首先看自己是"大垄断"的情况。有些事情"大垄断"也做不到，比如阿里巴巴无法充分利用微信这个获客杠杆，那就拿拼多多没办法。如果不是做不到，"小垄断"又正好撞到"大垄断"的枪口上，比如在华为和小米面前做智能小家电，他们没扣动扳机的理由只有一个，目前这个免费的最小可行产品还不够诱人。

在浏览器市场，网景公司作为这个产品的发明者之一曾经占据了 90% 以上的市场份额。微软盯上了这个市场，从 Windows 95 Plus! 开始搭售自己的 IE 浏览器，用了 3 年时间就击垮了网景，导致这家公司被美国在线并购了。2002 年，IE 浏览器占据全球浏览器市场 95% 的市场份额。

在此过程中，除了搭售，微软还用了许多手段，比如要求电脑厂商二选一，如果电脑厂商帮用户安装了网景浏览器就对 Windows 涨价，比如在网页设计软件 FrontPage 中增加 IE 浏览器专属的标签，让这些网页与网景浏览器不兼容，比如推出 IIS 服务器软件，用廉价销售的策略切断网景的收入来源，等等。网景作为一家收入单一、利润有限的小公司，毫无招架之力。

时间一晃到了 2018 年，微软已经用技术更先进的 Edge 浏览器替换了 IE 浏览器，却突然对外宣布，将把 Edge 浏览器的渲染引擎从自家的 EdgeHTML 替换为谷歌开源的 Chromium。前 Edge 浏览器开发者乔舒亚·巴基坦（Joshua Bakita）发帖说，微软这样做是因为谷歌不停地耍手段，比如不断修改 YouTube 的代码，影响 Edge 浏览器对视频进行硬件加速，使之表现得更耗电。谷歌方面立马否认"三连"：我不是，我没有，别瞎说。Firefox 技术总监克里斯·彼得森（Chris Peterson）随后"补刀"声援：YouTube 就是用了手段让 Firefox 浏览器和 Edge 浏览器比 Chrome 慢了 5 倍（如图 7-3 所示）。

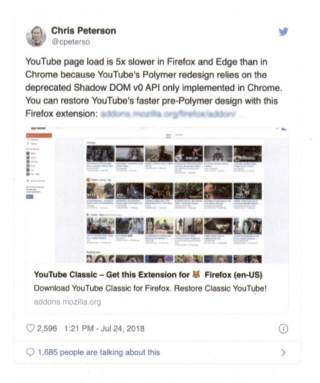

图 7-3　Firefox 技术总监克里斯·彼得森吐槽 YouTube

作为桌面互联网最重要的入口，浏览器是"大垄断"的必争之地，谁家的浏览器胜出，谁家的搜索引擎就获得了巨大的获客杠杆。曾经用手段打败网景的微软，如今却面临谷歌的手段。谷歌在乎的是 Edge 浏览器用什么渲染引擎吗？更换 Chromium 后的 Edge 浏览器就能顺畅使用谷歌的网络服务了吗？The Verge 的一篇报道说谷歌的很多网络应用建议用户"使用 Chrome 浏览效果最佳""Google Meet、Allo、YouTube TV、Google Earth 和 YouTube Studio Beta 都会阻止 Windows 10 系统的默认浏览器 Edge 访问，并指引用户下载 Chrome""使用非 Chrome 浏览器访问 Google，用户会收到 3 次下载 Chrome 的提醒"……

2020 年 4 月，Chrome 的市场份额达到了 70% 左右。

> **思考题**
>
> 在这场浏览器份额的争夺战中，你认为谷歌践行了自己的"不作恶"原则吗？

学术界也有类似的后发先至的现象。芝加哥大学一位很有幽默感的统计学家史蒂芬·斯蒂格勒（Stephen M. Stigler）提出过一个开玩笑性质的斯蒂格勒定律："没有哪个科学发现是以原有发现者的名字命名的"，科学定律最后的命名大多归功于后来更有名望的科学家。数学常数 e 也叫作欧拉数，因为它是由大数学家欧拉提出的，而事实上，雅各布·伯努利早就发现这个神秘的常数了。高斯分布也不是高斯最早发现的，棣莫弗在 1718 年的著作中就提出了正态分布。

> **思考题**
>
> 假设共享充电宝市场存在"小垄断"，某产品已经占领了 60% 的市场份额，你作为外卖市场的一家巨头，对这个业务产生了兴趣，调研后发现 90% 的共享充电宝是放在餐厅中的，你觉得完全复制"小垄断"的产品能否拿下它的市场份额？

研究后来者胜出的案例可以发现，小团队也有机会打败"小垄断"甚至"大垄断"，这种后发先至的关键在于发明新的杠杆和选择正确的时机。

Apple Newton → Palm → Blackberry → iPhone

创新工场联合首席执行官汪华说，移动互联网给整个人类社会更换了信息界面、通信界面、交易界面。

Ofoto → Flickr → Instagram

Instagram 实现了拍摄、编辑、发布、浏览的一站式服务，智能手机也需要好的应用来体现自身价值。

AltaVista → Google

创新的 PageRank 算法和海量数据存储等一系列技术极大改善了搜索体验。

拼好货→拼多多

从自营超市到招商入驻的购物中心。

如果找不到杠杆优势，复制一个垄断产品是没有机会打败它的。先行者的网络效应提升了自己的留存率和用户生命周期价值，用户在热闹的地方会留存更久，花更多钱或看更多广告。同时，由于规模效应和品牌认知度，先行者的获客成本可能还更低。综合下来，投资回报率就是一个巨大壁垒，它永远比后来者有更多的钱可以获取更多新用户。复制一个产品从技术上看也许不难，开发成本可能也不高，但要拿到比它更大的市场份额，还需要综合考虑获客成本和投资回报率。没有比它更强力的杠杆，复制就会仅限于开发的复制，无法实现获客、留存和变现的复制，当然也就无法实现市场份额的超越。

如果你会为了是否应该采用后发先至战术去打别人而纠结，或者因为他人后发先至而耿耿于怀，答案只有一个，你还不是总监级产品经理，更不是老板级产品经理。他们考虑的更多是怎么能打赢竞争对手，竞争过程中需不需要引导舆论美化自己，舆论压力太大的话是否应该放弃。

第 8 章
从"小垄断"到"大垄断"

做"大垄断"产品本质上还是做产品，同样要经过确定产品概念和验证产品概念的过程。确定产品概念中的三个问题一样要问，能不能做，值不值得做，做不做得成，只是值不值得做的判断标准变成了能否做成"大垄断"。这样一个变化，大概会筛掉 99% 值得做的产品概念。

8.1 确定产品概念

怎样算实现"大垄断"呢？简单来说，可以用公司估值来判断，比如画一条线，估值超过 500 亿美元就是"大垄断"。500 亿美元估值意味着什么？以网易为例，2021 年 2 月 24 日网易的市值是 831 亿美元，2020 年网易全年的利润是 18 亿美元。当然，不是必须有利润才能达到 500 亿美元估值，用户规模足够大，未来能盈利也可以。拼多多 2020 年的利润是 –10 亿美元，年度活跃买家数达 7.88 亿，超越阿里巴巴的 7.79 亿，是全球买家数量第一的电商平台。2021 年 2 月 24 日拼多多的市值是 2304 亿美元，远高于网易。

我们把目标置换一下，假设"大垄断"的月活门槛是 2 亿（接近 B 站的水平）。如果月留存 50%，要保持 2 亿月活，每月需要新增 1 亿用户。如果每个用户的获客成本是 10 美元，公司有没有资金支持每月 10 亿美元的获客？如果月留存是 80%，每月的新增压力就降低到 4000 万用户，单用户获客成本还是 10 美元的话，每月就只需要 4 亿美元。为什么"大垄断"动辄需要几十亿美元的融资，为什么投资人愿意把钱投给他们？关键就在于他们能把钱花出规模，花出效率。

腾讯要做互联网的水和电，美团觉得阿里解决了衣的问题，但食住行还有机会，他们筛选概念的时候都在瞄准非常普遍的用户需求，并且这些需求还要足够强、足够高频，满足这样的用户需求才有机会形成"大垄断"。

8.2　验证产品概念

"小垄断"：最小可行产品

今日头条是字节跳动于 2012 年 8 月发布的，在此之前的 5 个月，它先发布了目标用户更窄的内涵段子；更早之前，张一鸣创办的前一家公司九九房就已经开始做房产内容的聚合和分发了。"小垄断"是"大垄断"的最小可行产品，可以更快速、更低成本地得到验证结果，如果产品概念和团队能力没问题，就具备了冲击"大垄断"的积累——获客杠杆、留存杠杆、变现杠杆、用户基础，可能还有资本杠杆。

对于"大垄断"这样的复杂系统，"小垄断"并不只是一个提升效率的可有可无的环节，根据盖尔定律（Gall's Law）："一个切实可行的复杂系统势必是从一个切实可行的简单系统发展而来的。从头开始设计的复杂系统不可能切实可行，也无法通过修修补补让它变得切实可行。""小垄断"是实现"大垄断"不可或缺的环节。

> ▶ 见天地，见众生，见自己
>
> 2015 年 6 月，快手完成 C 轮融资，估值 20 亿美元。同样做短视频业务的微拍，办公室与快手离得很近，发展却没有那么顺利，当时还在为服务稳定性和带宽成本这些基本问题而头疼。在一次聚会时，微拍创始人胡震生跟我讲，快手增长这么快全靠推荐系统。

当时老胡和我都不了解快手推荐系统的细节，也不了解它的关键指标，老胡通过一些模糊的消息认定推荐系统是快手成功的关键要素，但传递到我这里时信息已经衰减了，我并不像他那样认定。

首先，他讲"全靠推荐系统"，听起来像是快手高速增长的充分条件，而快手在三四线城市的先发优势也是它成功的关键要素，这个先发优势和它的内容调性不强调画质有很大关系，那么推荐系统到底是快手成功的充分条件还是必要条件还是锦上添花？我没有足够的信息下结论。其实后来我跟其他人讲推荐系统很重要，也遇到了同样的问题，听者会觉得我只强调这一个因素过于夸张了，我的说法没有引起对方的重视。

其次，在推荐系统上我是有失败经验的。坨厂在2011年成立时就立项做推荐系统，项目开发几个月后没有什么产出。从用户角度出发，大多数用户没有什么操作来暴露自己的偏好；从内容角度出发，内容的关键字太少、同质化严重。总之，可用数据不足，无从推荐。2014年，更换技术团队后我们又立项做推荐系统，还是面临和过去一样的问题，数据不见提升，这个项目再次失败。

最后，还有最重要的一点，行业认知。即便是在2015年，推荐系统在内容领域内应用也还不够普遍。根据比达咨询的数据，2015年第二季度手机新闻客户端的市场份额排名是，搜狐新闻25.7%，腾讯新闻25.0%，网易新闻13.3%，今日头条12.6%。这时内容市场还没有出现范式转换，传统的排序分发依然是主流，但如果一个人参与过广告、搜索、电商等率先运用推荐系统的业务，他就能真切地感受到推荐系统的威力。字节跳动创始人张一鸣，前酷讯技术委员会主席；快手联合创始人宿华，前百度凤巢系统架构师；我，前腾讯Q吧产品总监——工作经历不同，行业认知自然也不同。在知识和经验的指导下，困难都是可以克服的。缺少可用数据就想办法收集更多可用数据。而没有行业认知，首先面临的是这个假设成不成立的问题，然后是验证假设需要多大成本的问题。这些问题都不容易得出答案，那么尝试过程中就容易浅尝辄止（不是给我自己找借口）。项飙在《跨越边界的社区》中说："设计可以仅凭理性，而探索必须要有自信作为支撑。"

随着今日头条和快手的日益壮大，推荐系统这艘"核潜艇"开始浮出水面，它的重要性得到行业公认。这时候有没有推荐系统已经不再是增长速度的问题了,而是能否坐上内容分发领域牌桌的问题。虽然坨厂已经开始做不依赖推荐系统的业务,但我自己还是有很强的求知欲,想要弄清楚推荐系统到底是如何工作的,能发挥多大威力。2019年元旦后,我第三次立项建设推荐系统,从最容易实现的协同过滤开始。

协同过滤就是甲喜欢 ABC,乙喜欢 BCD,这时候来了个丙,他喜欢 B,我们可以试着把 C 推荐给丙,因为甲和乙都喜欢 B,同时他们也都喜欢 C,甲和乙帮助丙过滤出了他可能喜欢的内容。这时候我们又遇到了 2011 年有效数据不足的问题,每天有点赞行为的用户只占当日活跃用户的 17%,大部分用户没有给内容点过赞,我们怎么判断他到底喜欢哪些内容呢?办法是更加深入地观察、研究用户的行为,比如用户在每个内容的停留时长、有没有点击缩略图查看大图、一个视频循环播放了几遍、浏览评论的时长,等等。这些行为每个用户都有,而一个用户对于不同内容的行为是有差异的,差异的程度就可以用来标记用户对内容的偏好程度。

怎么判断协同过滤的效果呢?需要搭建 A/B 测试平台。A/B 测试中能看到协同过滤让用户的使用时长明显增加,但一段时间后就大幅衰减,这又是什么原因呢?我们猜测,可能是用户喜欢看的某类细分内容,比如美食、游戏,供给不足,库存全部用完后就没有内容可以继续推荐给用户了。要验证这个假设,工作量就比较大了,首先要理解每个内容,给它们打上标签,根据标签进行分类。还好云服务成熟了,百度云可以帮助我们完成视频内容的 AI 识别,快手是在早期靠自研解决了这个问题。然后,通过用户感兴趣的内容的标签,描绘出每个用户的偏好。比对用户的偏好和内容,确实验证了我们的猜测,对用户喜欢的内容供给不足。

有了用户偏好和内容标签,运营团队的工作目标就很明确了,投放能满足用户偏好的内容,解决供需不平衡的问题。同时,推荐系统也不再局限于协同过滤了,可以根据标签进行推荐,进一步提升内容分发效率,特别是新内容终于可以更有效地进行冷启动了。产品团队发现增长空间后,就有了动力重塑产品,让它更便于收集用户行为信息,进一步提升推荐效果。

A/B 测试平台作为推荐系统的副产品,不仅能测试推荐系统的调优,还能测试所有拿不准的需求,整个产品团队的数据能力显著提升了,设计实验、A/B

> 测试、分析结果的增长文化开始深入人心，目的拆解表也有了实施的基础。
>
> 在建设推荐系统的过程中，产品团队更了解内容了（见天地），更了解用户了（见众生），也更了解自己的工作了（见自己）。推荐系统不只提升了分发效率，它所带来的行业认知能深刻改变产品团队的工作流程和组织结构。
>
> 取得这一系列结果还只是基于坨厂这样一家小公司粗浅的摸索，在这个领域耕耘更深的大公司，他们的认知层次、工作流程、组织结构具体如何，大家可以发挥自己的想象力。其实任何行业不断深耕，都会提升认知，进而改变工作流程和组织结构，比如亚马逊和京东开发了混合了机器人和人力的物流系统，比如美团和饿了么打造了管理和培训骑手的配送系统。

尽可能推迟竞争

从"小垄断"开始的另一个考量是，避免过早引起大公司的关注。中国没有一个互联网"大垄断"避免过竞争，年轻的朋友可能经历过千团大战和快滴大战，其实中国互联网早期的竞争也可谓"血雨腥风"，淘宝曾经大战易趣和拍拍，QQ 更是与 ICQ、MSN、新浪 UC、网易 POPO 等多个对手竞争。总的来说，从"小垄断"到"大垄断"，就像从海选到 8 进 4，到 4 进 2，再到 2 进 1，中间还穿插着踢馆赛和复活赛。在避免竞争这件事情上，大家还是趁早放弃幻想比较好，把竞争推迟到自己羽翼丰满之后倒是有可能。

> 故其疾如风，其徐如林，侵掠如火，不动如山，难知如阴，动如雷震。
>
> ——《孙子兵法·军争篇》

"风、林、火、山"大家比较熟悉，"难知如阴"的意思是军情隐蔽如乌云蔽日。从保持与竞争对手（特别是"大垄断"）的信息不对称这个角度来看，先低调地实现"小垄断"，有利于后续实现"大垄断"。把握好节奏，就可以做到新产品起步的时候对手看不到，实现"小垄断"的时候对手看不上，走向"大垄断"的时候对手学不会,实现"大垄断"的时候对手追不上。

1903年12月17日,莱特兄弟驾驶自行研制的飞机"飞行者一号"(见图8-1)试飞成功,实现了人类历史上首次重于空气的航空器持续且受控的动力飞行,被誉为现代飞机的发明者。莱特兄弟曾在1903年自行提交过有关航空器的专利申请,但未通过。于是他们在1904年聘请了专利领域律师哈利·图尔明(Harry A. Toulmin Sr.)来为他们撰写新的申请书。

图8-1 莱特兄弟发明的"飞行者一号"

虽然飞机试飞得不错,可他们当时还没有取得专利,生怕竞争对手窃取自己的点子,以至于1905年10月5日后就再也不敢试飞了。图尔明没有辜负兄弟俩的期望。1906年5月22日莱特兄弟终于获得了他们梦寐以求的美国专利号为821393的"飞行器专利",之后赢得了美军的飞机订单。

2007年1月9日,初代iPhone在发布会中亮相,当时黑莓的股价是44美元。2007年6月29日,初代iPhone开始发售,黑莓的股价上涨到了72美元。2008年6月15日,初代iPhone发售接近一年,黑莓的股价上涨到了历史最高点148美元(如图8-2所示)。初代iPhone发布前,大家都"看不到"它。初代 iPhone 发布后,资本市场和黑莓在这一年半的时间里"看不上"它。等到竞争对手们看得上 iPhone 了,却已经"追不上"了。咨询公司 Counterpoint 的数据显示,2018 年苹果公司拿到了全球手机市场 73% 的利润,三星拿到 13%,中国手机品牌合计拿到了 13%,老牌手机厂商诺基亚和黑莓已经不见了踪影。

图 8-2　黑莓的股价走势

找到跟大海连通的小海湾

如果"大垄断"是一片大海,我们要找到一个和大海相连通的小海湾起步,产品团队在小海湾里秘密打造出核潜艇后再开进大海"大杀四方",小海湾里积累的用户和现金流也能给核潜艇提供充足的补给。比如,特斯拉 Model S 之于 Model 3,卖水果的拼好货之于卖百货的拼多多,美团从团购到吃喝玩乐预订全拿下。如果"小垄断"选在了一个内陆湖,和大海没有连通,无法复用行业认知和活跃用户,就杀不出去。

从小海湾到大海,主要有三种路线,一是超级应用,二是产品线,三是超级应用和产品线并用。微信、美团、支付宝、京东、滴滴都是走超级应用路线,一个应用里植入很多子产品,好处是应用所承载的用户需求越来越多,用户打开应用的频次也就越来越高,从一个子产品到另一个子产品无须应用间跳转，转化率有保障。字节跳动走的是典型的产品线路线，人送外号"App工厂"，这个扩张模式是适合内容产品的，每个产品可以有自己的鲜明调性。从公司角度来看，阿里和腾讯都是超级应用和产品线并用，超级应用越来越复杂，产品线也越来越庞大。

当然，时机也很重要，不造好核潜艇，抱个游泳圈就从小海湾往大海里冲，很容易被浪打回来。造好了核潜艇不及时出海，等到想出海的时候可能已经无海可出了，比如快手和字节跳动一样有很优秀的推荐系统，但快手没有快速扩张到其他内容领域，而字节跳动做抖音进入快手的领域时背后有庞大的产品线提供火力支援，快手就有点被动了，如图8-3所示。

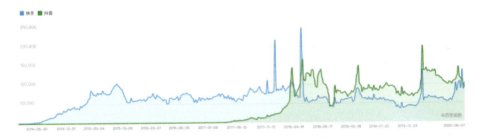

图8-3 快手和抖音百度指数的变化

8.3 节奏化竞争

既然竞争无法避免，我们能做的就是了解竞争，找到在竞争中保持优势的方法。战争是生死存亡的竞争，战争中一个有效的策略叫伯伊德循环，也叫OODA循环（Observe-Orient-Decide-Act loop），它是由美国空军上校约翰·伯伊德（John Boyd）提出的。伯伊德基本没有什么实战战绩，但他作为飞行教官经常能在40秒内扭转局面击败对手，人送外号"40秒伯伊德"。

OODA循环包括4个步骤：观察、导向、决策和行动。

观察

我们从观察对象、观察维度和观察方法三个方面展开。首先要确定观察对象，目前的竞争对手是谁，潜在的竞争对手是谁，要有一个观察对象列表。然后是观察维度，需要获取哪些信息取决于我们在解决哪些问题，如果是在解决推荐系统效率的问题，就需要获取竞争对手在推荐方面的关键指标，了解差距，还需要获取对方实现更高指标的策略。最后是观察方法，我们怎么获取想要的信息，比如通过访谈、面试、挖人、爬虫爬取、应用拆解、购买数据公司的数据、购买数据公司、开发手机、开发操作系统等。

小公司在这方面处于明显劣势，一是自己用来观察别人的方法并不多，二是"大垄断"观察自己的方法很完备。小公司需要使用"大垄断"的统计服务、支付服务等云服务，还要在"大垄断"的广告平台投放广告获客，相当于在"大垄断"的门口摆地摊，所有数据对于"大垄断"都是透明的。

有人想爬取斗鱼主播的关注人数，发现爬取的数字根本不对，比如肉眼看到的关注数是 7788（如图 8-4 所示），爬取到的关注数却是 9911。分析之后发现，斗鱼给 9911 配了一种字体，这种字体会将"0123456789"渲染为"1852360497"，加密后的关注数 9911 经过该字体渲染，就显示成了 7788。每次刷新斗鱼的页面，加密后的关注数和解密用的字体文件都会变化，可以花两秒钟思考一下斗鱼为什么要这么做。

图 8-4　斗鱼某主播的关注人数

导向

判断当前的竞争格局是需要活跃规模导向、利润导向、还是其他导向，这是整个循环中最重要的一步。易趣在与淘宝竞争时犯了很多导向错误：易趣觉得应该和 eBay 用同一套系统，结果延误了中国市场需要的交易担保功能；易趣觉得淘宝迟早也要收交易中介费，所以自己不放弃交易中介费；易趣觉得自己的规模已经不小了，没想到淘宝挖掘出大量新网民用户……若干年后，淘宝屏蔽了微信，没想到拼多多也挖掘出大量新网民用户。

决策

确定自己的目的和策略。"空谈误国，实干兴邦"，无休止的争论没有意义，总要选择一个方向去尝试，不行就再换一个方向。在中华民族最危急的时刻，我们尝试过各种思潮和主义，最终找到了适合自己的道路，用几十年时间走完了发达国家走了几百年的工业化历程。

行动

在实践中检验自己的决策。之后回到观察，观察决策带来的变化，观察竞争对手的变化，进入新一轮的循环。

这个循环创造了"节奏化竞争"，把节奏控制在自己手里，比让对手控制节奏更利于生存，比如自己选好方向、做好准备后先开火，控制或打乱竞争对手的节奏更利于生存。2020 年初，新冠肺炎疫情发生后，电影院停止营业，字节跳动迅速拿下了贺岁片《囧妈》的版权，大年初一在线免费看，这就掌控了节奏，让竞争对手们很被动。

OODA 2.0 在此基础上增加了信息战的概念，如果能主动释放误导信息，就能利用这些信息引导对手的行动，让对手跳进自己挖好的坑里。OODA 3.0 则融合了人工智能，我感觉这一波似乎是互联网走在了空军的前面。互联网的广告投放已经进入人工智能时代，设置好导向是留存目标还是利润目标，人工智能可以自动优化投放策略。特朗普参加美国总统大选的时候和剑桥分析公司合作，对千万量级的 Facebook 用户的数据进行深度挖掘，掌握用户的政治立场之后进行精准的个性化政治广告投放，也是 OODA 3.0 的成功典范。

在团队协作方面，伯伊德认为，高效的团队具有高度分散的指挥链，指挥链上的每个人都是由目标驱动而非任务驱动的，这样才能充分发挥每个人的聪明才智。对应到前面讲的目的拆解表，如果有一个人拆解出了整张表格，他告诉营销人员要实现什么目标，用什么策略达成目标，告诉运营人员要实现什么目标，用什么策略达成目标，那么在战略层面其实只用到了一个人的智慧，其他人按照表格里的策略直接执行就可以了。只要这个人不是全知全能的，策略中就肯定会有与目标无关的伪工作。并不是决策越快，目标拆解越快，团队生产力就越高，评估团队生产力要看结果和实现时间。把目的告诉大家，讨论出实现目的所需的数值目标，然后团队成员各自领取数值目标并按照自己的行业认知继续拆解出策略，这样才能更快速地达成团队的共同目的。

我们非常幸运，生活在和平年代，能够平平安安地学习、成长。如果要说有什么损失，缺少危机意识可能算一条。有兴趣的话，大家可以对比野生动物和家养宠物进食的画面，有一个明显的区别，野生动物每吃一两口就会警觉地抬起头环顾四周，而家养宠物不会。相对于软件产品和实体商品，互联网产品淡化了版本的概念，更有利于隐藏自己的情报。比如新一代的 Windows 发布了或华为新手机立项了，竞争对手们一看：哇，理念这么先进，我们要赶紧应对啊。互联网产品的更新则是持续且不明显的，产品表面上没有任何变化，但推荐系统一天之内已经做了好多次新实验了，或者服务的地区已经扩展到县城了。

如果没有危机意识，没有强大的情报系统，我们就无法得知竞争对手开展了哪些工作，失去市场份额都不一定会察觉。商业竞争是残酷的战场（如图 8-5 所示），创业者和产品经理却大都不是训练有素的战士，这是一个被普遍忽视的问题。从赢得市场份额这个目标来看，产品是什么？产品不是公司的孩子，也不是精美的艺术品，产品是我们在垄断竞争中所驾驶的移动城堡。产品在产品经理眼中所展现的美感首先应该是用户价值和竞争优势的美感，而不是打磨抛光出来的精致美感。

图 8-5 《掠食城市》剧照

第 9 章
强者的无限游戏

由于普遍需求的数量、规模效应、网络效应等因素,"大垄断"的名额是有限的。截至 2021 年 2 月 24 日,市值 500 亿美元以上的中国互联网公司只有 9 家:

- 腾讯 8500 亿美元
- 阿里巴巴 6777 亿美元
- 美团 2778 亿美元
- 拼多多 2304 亿美元
- 快手 1755 亿美元
- 京东 1509 亿美元
- 百度 1100 亿美元
- 小米 872 亿美元
- 网易 831 亿美元

"大垄断"这根线是不是要画到 500 亿美元这么高,其实没有标准,把线降低后能入围的公司还是很有限。列出这 9 家公司后我们还能发现一个很有意思的事情,其中阿里、美团、拼多多、京东这 4 家都是市场性质的,占据了近 1/2,所以互联网的本质并不是什么去中心化,而是中心化的大市场?

名额有限代表竞争极其激烈,追逐"大垄断"就变成了强者的游戏,参赛选手都具备顶尖的行业认知和综合能力,他们为了实现"大垄断"不会被道德等观念所束缚。阐述现实并不是劝你止步,梦想还是要有的,但我们要从现实出发才更容易实现梦想。目标定得高一些,对自己的要求就会严格一些,可能"大垄断"还是没有实现,但实现"小垄断"的概率没准翻番了。

在快手上市之前,深网的一篇《前 50 号员工内网开火,佛系宿华诊断狼性快手》点出了两个关键字:佛系和自我怀疑。被抖音超越前的快手是佛系的,拿着天文望远镜都看不到对手,被抖音超越后的快手陷入了自我怀疑,为什么抖音能拿下的用户我们拿不下?为什么抖音直接展示内容,我们用封面瀑布流?

对于快手,我了解有限,对于坨厂,我有第一手的体会。坨厂最初也像快手一样只有单一产品,糗事百科。糗事百科也曾经是"小垄断",公司只有 4 个人就实现了"小垄断",也非常佛系。作为字节跳动施展拳脚的第一个对手,坨厂面临和快手类似的问题,字节跳动一上来就是产品矩阵,坨厂只有单品,面临竞争格局上的降维打击。字节跳动有强大的推荐系统,坨厂范式转换失败,面临竞争效率上的降维打击。我不知道上市能不能解决快手内部的自我怀疑问题,但"大垄断"也会面临自己的烦恼,无限游戏是停不下来的。

9.1 无限的游戏

詹姆斯·卡斯在《有限与无限的游戏》一书中对佛系有另一种解释,佛系其实是在玩一个有限的游戏,在游戏规则内玩,目的是取胜。很长时间内,糗事百科都没有对手,当然是赢了,团队也满足于这种胜利,没有突破单品思维,也没有动力优化产品定位。快手曾经的佛系,也许是类似的。快手在短视频领域越是成功,团队就越是难以走出游戏规则去面对未知的挑战,所以没有做面向不同内容的产品矩阵,在短视频领域内也没有做新产品去服务自己尚未服务好的一二线城市白领。

与有限的游戏相对应的是无限的游戏,无限的游戏没有固定的规则,目的是让游戏永远进行下去。字节跳动显然是在玩一个无限的游戏,估值 500 亿美元以上的这 9 家公司都是在玩无限的游戏。他们没有给自己设置边界或规则，也没有获胜的概念，而只是在不断突破边界，改变规则，让自己更强大，能够长久地玩下去。

当有限的游戏碰撞到无限的游戏，有限的游戏的玩家很容易陷入阿 Q 的精神胜利法之中：只要我重新定义游戏规则就可以继续宣布胜利，而不愿意承认是无限游戏的玩家在持续不断地修改规则。无限游戏的玩家并不在乎规则变成了什么，也不在乎自己在当前规则下有没有胜利，他所享受的是自己市场份额的提升和修改规则这件事情本身。

> "自己"这个东西是看不见的，撞上一些别的什么，反弹回来，才会了解"自己"。所以，跟很强的东西、可怕的东西、水准很高的东西相碰撞，然后才知道"自己"是什么，这才是自我。
>
> ——山本耀司

如果非要给有限游戏思维找点借口或者挖掘一下根源的话，传统文化中所蕴含的自守思想也许是个病根。明太祖朱元璋在《皇明祖训》中写到，"四方诸夷，皆限山隔海，僻在一隅，得其地不足以供给，得其民不足以使令。若其不自揣量，来挠我边，则彼为不祥。彼即不为中国患，而我兴兵轻犯，亦不祥也。吾恐后世子孙倚中国富强，贪一时战功，无故兴兵，致伤人命，切记不可。"

古人的自守思想其实并没有问题，那些四处出击的国家遭遇了各自的问题，而中华文明没有侵略性，其他文明对中华文明也没有什么深仇大恨，但这个思想是与地域割据的规则相匹配的，并不适用于赢者通吃的无边界互联网。想要在互联网世界里玩得长久，还是得玩无限的游戏。

如果没有"大垄断"级别的产品概念，也没有能力和资源实现"大垄断"，了解这些有意义吗？

我认为，先了解整个市场，才能了解自己的现状。当我们抱着游泳圈在小海湾里玩耍的时候，竞争对手猫在水下建核潜艇，哪天我们突然被干翻了，是不是需要点时间来消化这个结果？提前知道这种可能性，起码能有效缩短这个消化时间，甚至还有机会领先竞争对手一步造出核潜艇，主动进入节奏化竞争。未来充满未知，颠覆性的创新不知道哪天就会冒出来。如果你是个强者，只是因为不了解互联网是单一大市场，有了核潜艇却从没想过出海，或者在竞争过程中陷入了对手主导的节奏化竞争，岂不是很可惜？

另一方面，虽然实现"大垄断"很难，但理解了无限的游戏，我们就有机会在生活中做个强者。有些读书时学习成绩很好的人，进入社会后反而不如当年成绩平平的人混得好，有命和运的原因，也有对游戏理解的原因。150 分的试卷只能拿到 150 分，5000 元的月薪却可以产出 10 000 元的劳动成果。一家公司付 10 000 元雇用一个产品经理，是因为他过去在 5000 元月薪的时候顶格产出了 5000 元的劳动成果，还是因为他能产出 12 000 元的劳动成果呢？我们的人生不应该受别人的规则所制约，更不应该自我设限，用规则画地为牢拒绝规则之外所有的事情或者一出问题就"甩锅"出去，看起来像是赢了，代价却是限制了人生的高度和宽度。

9.2 在垄断的夹缝中生存

早些年，作为百度联盟的合作伙伴，我参加过几届百度联盟峰会，其间认识了很多创业者和站长，于是我产生了一个疑问，创业者和站长有什么不同？创业者做的产品可能只是一个网站，站长也可能开发了应用，是他们对自己的称呼不同吗？这个问题我一直没有找到答案，后来，我在马田隆明的《创业思维》中看到一个分类：以短期快速增长为目标的组织是创业公司，以稳步增长为目标的组织是小型公司。创业者和站长做的产品可能差不多，但两者的增长目标不同。

其实，公司在创建之初大都有个快速增长的梦，其中一小撮公司实现了快速增长，变成了创业公司，还有一些公司实现了稳步增长，变成了小型公司，更多的公司没有跑通获客、留存和变现，死掉了。在互联网市场中并不是只有"大垄断"和"小垄断"，数量更多的是小型公司，其中一些小型公司成立之初就把自己定位为小型公司，没有盯着海湾和大海，直接瞄准了小池塘，目标是做成一个迷你垄断型公司。

> ▶ **迷你垄断型公司**
>
> 高春辉是中国个人站长第一人，1997年开始制作个人主页，1998年"高春辉的个人主页"成为第一个进入中国互联网络信息中心（CNNIC）排名的个人网站，之后他又创建过卓越网、天下网、手机之家等产品。在经历了16年的起起伏伏之后，2013年他选择了一个比较小的领域再次创业，做IP库。企业买了IPIP.NET的数据库后可以根据IP地址判断用户所在地区，实现更精准的定向广告、内容加速、用户画像、风险控制等。高春辉说之所以选择这个方向，是因为觉得做面向个人用户的产品竞争太激烈了，自己的道德底线比较高，存在天然劣势，比如中国早期的互联网公司通过移动增值业务赚钱的时候他就主动放弃了这种盈利方式，IP库是个大家都看不上的苦活、累活，但对他而言能在工作中获得乐趣。
>
> IPIP.NET有没有壁垒呢？首先团队规模就不小（参见图9-1）。高春辉在自己的公众号里写道："六年多里，我们横跨互联网络、技术开发、数据挖掘&研究、地理&人文&语言知识等多个领域（我们目前管这个领域叫网络地理），光地名翻译就累死一波脑细胞了。我们也有了大量的数据积累，几万个城市信息，20多万行的AS定义，接近十万行的HOST解析数据，上万行的IP/AS和各个IRR的实际对应关系，每天几亿行的BGP数据，TB级的TRACEROUTE数据，几千行的我都懒得提了，还有若干几万行起的数据我就不列举了，同事让我保密。除此之外还有大量的各种各样的采集、人工标注的数据，包括合作伙伴提供的数据，就此生成的各种数据，对比、历史、图表，更是不计其数。严肃地说，如果当初知道要做成这样，我可能是会考虑放弃的，那个时候也是无知者无畏。"

图 9-1　IPIP.NET 团队团建照片

做了这么多苦活、累活，IPIP.NET 的付费客户数却只有三位数，这是一个不折不扣的小市场。为什么客户数这么少，原因也很简单，前面讲规模优势的时候分析过了，一个产品的用户规模足够大，才有机会做精细化（小幅度）的增长，才会购买 IPIP.NET 的数据库。IPIP.NET 的付费客户数能不能增加一个量级呢？这又是一个大小垄断名额的问题了。

如果我们没有找到快速增长的机会，但找到了稳步增长的机会，收益能做到自己可接受的水平，我想还是可以尝试继续做下去的。走稳步增长这条路，在筛选概念的时候就要注意了，不要选择"大垄断"枪口上的概念。比如你做了个智能硬件，势头很好，被华为和小米看到了，你就得慎重思考：他们是不是有更强大的开发能力、工业设计能力、供应链、销售渠道、资金，你到底是在做自己的产品还是在给"大垄断"提供免费的最小可行产品？

小市场是一种稳步增长的机会，比如高春辉的 IP 库，比如一些人口和 GDP 都不太大的国家，看得上小市场的人相对会少一些，竞争也就没有"大垄断"那么激烈。不过，鉴于大市场的格局越来越稳固，看得上小市场和了解时间机器理论的人越来越多，小市场的竞争烈度也在持续加剧。

筛选面向小市场的产品概念，要避开能滋养垄断的网络效应（规模效应是避不开的）。比如高春辉的 IPIP.NET，他们做好产品之后，卖给 10 家公司是这个产品，卖给 100 家公司还是这个产品，客户所享受到的服务与客户数量关系不大。大垄断如果盯上这个市场，一看发挥不了自己客户数量的优势，就打消念头了。秀场直播也有类似的特点，大秀场有大秀场的体验，小秀场有小秀场的体验，就像有人喜欢吃西贝莜面村的羊肉串，有人喜欢吃路边烧烤摊的羊肉串，西贝莜面村打不死路边烧烤摊。找到网络效应弱的产品概念后，即便是复制现有产品的留存杠杆和变现杠杆做同质化的产品，只要找到自己的获客杠杆，同样能建立一定规模的现金流。

结语

阅读这本书的读者，可能有些看到"抄"字就骂骂咧咧合上了书，有些看到"垄断"后觉得我屁股坐在资本家这边，有些看到谷歌的"不作恶"觉得世界观受到了冲击，但是，我所理解的商业就是这样，而互联网产品几乎全是商业产品。

押井守说："作为一个跑完第一圈要开始跑第二圈的人，有些话想告诉你们这些正在跑的人。"这也是我写作的初衷。我希望即将从事和已经从事互联网产品经理职业的人，能够比我早一步看到我所看到的现实，在面临选择或被迫接受选择的时候，能够更清晰地了解每个选项所代表的可能性和所面临的挑战。

很遗憾，我无法提供给你产品概念、行业认知、资金、节奏化竞争中的行动方案，等等，等等，我只能送给你衷心的祝福，愿你在第一圈就能不留遗憾，跑出精彩。

图片版权说明

图 1-1，由 Nicolaus Erwin 在 Pixabay 上发布。

图 2-3，图片创意来自网络。

图 2-4，图片创意来自网络。

图 3-3，图片创意来自网络。

图 4-3，来自 Wikimedia Commons，由 Marcin Wichary 提供。

图 4-4，来自 Wikimedia Commons，MBlairMartin, CC BY-SA 4.0。

图 4-5，来自 Amazon 商品页。

图 4-7，来自 QuestMobile。

图 4-11，来自发布会视频截图。

图 4-13，来自京东商品页。

图 5-3，来自 geektyrant。

图 5-4，来自 geektyrant。

图 5-11，来自 Pinterest。

图 5-12，来自 Wikimedia Commons，由 Rob Boudon 提供。

图 5-16，来自 Twitter。

图 7-1，来自小米 1 发布会视频截图。

图 8-1，来自 Wikimedia Commons，由 John T. Daniels 提供。

封面图《神奈川冲浪里》，作者葛饰北斋，来自芝加哥艺术博物馆。

作者简介

王坚

糗事百科创始人,创建了糗事百科、秘密、《小鸡炖蘑菇》脱口秀、热猫直播等产品。前腾讯高级战略经理,担任过QQ邮箱产品经理、Q吧产品总监等职务。毕业于中国科学技术大学力学系,从事互联网产品工作20余年,出版畅销作品《结网@改变世界的互联网产品经理》。

知识星球

《结网》系列同名知识星球

分享产品、创业与生活感悟

来王坚的圈子一起迭代认知

《结网》系列作品

《结网》系列作品第一部

近10万产品经理的入门书

《结网》系列作品第二部

开启产品经理的无限游戏

延伸阅读：图灵经典

《启示录 2：打造优秀的产品团队》

作者：[美] 马蒂·卡根（Marty Cagan）

克里斯·琼斯（Chris Jones）

译者：蒋楠

继《启示录：打造用户喜爱的产品》中文版出版十年之后，硅谷产品集团创始人、享誉全球的科技产品思想领袖马蒂·卡根推出的又一重磅力作——深挖优秀产品的底层方法论。

《用户思维+：好产品让用户为自己尖叫》

作者：[美] 凯西·赛拉（Kathy Sierra）

译者：石航

颠覆既往所有产品设计观

好产品 = 让用户拥有成长型思维模式和持续学习能力

《精益数据分析》

作者：[加] 阿利斯泰尔·克罗尔（Alistair Croll）

本杰明·尤科维奇（Benjamin Yoskovitz）

译者：韩知白 王鹤达

市面上唯一一本从数据分析角度介绍产品与创业的书。不论对于创业公司还是大型公司的团队，本书均可为大家构建科学的数据指标体系提供实战性指导。

《精益创业实战（第 2 版）》

作者：[美] 阿什·莫瑞亚（Ash Maurya）

译者：张玳

本书是实践精益思想的优秀作品之一，将多种经典创新方法融合在一起，包括精益创业、客户开发和白手创业。